本著作得到国家自然科学基金项目（71472062、7167

上级无礼行为
螺旋升级与涓滴效应研究

刘嫦娥

著

中国财经出版传媒集团

经济科学出版社
Economic Science Press

图书在版编目（CIP）数据

上级无礼行为螺旋升级与涓滴效应研究／刘嫦娥著．
—北京：经济科学出版社，2018.11
ISBN 978 - 7 - 5141 - 9952 - 9

Ⅰ.①上… Ⅱ.①刘… Ⅲ.①不良行为 - 研究 ②企业
管理 - 人力资源管理 - 研究 Ⅳ.①C912.68 ②F272.92

中国版本图书馆 CIP 数据核字（2018）第 266881 号

责任编辑：程辛宁
责任校对：靳玉环
责任印制：邱 天

上级无礼行为螺旋升级与涓滴效应研究
刘嫦娥 著
经济科学出版社出版、发行 新华书店经销
社址：北京市海淀区阜成路甲 28 号 邮编：100142
总编部电话：010 - 88191217 发行部电话：010 - 88191522
网址：www. esp. com. cn
电子邮件：esp@ esp. com. cn
天猫网店：经济科学出版社旗舰店
网址：http://jjkxcbs. tmall. com
固安华明印业有限公司印装
710 × 1000 16 开 14.5 印张 220000 字
2018 年 11 月第 1 版 2018 年 11 月第 1 次印刷
ISBN 978 - 7 - 5141 - 9952 - 9 定价：68.00 元

序

　　"现代管理学之父"彼得·德鲁克曾指出："有效的管理源自尊重个人的个性、尊严。"因此，能够尊重下属个性与尊严的管理者往往能达到高效目标。上级无礼行为是指上级对下级的违反工作场所中相互关心、相互尊重这一规范，伤害意图模糊、强度较轻微的一种人际偏差行为。它违背了尊重下级的规范，对组织绩效、员工的态度、行为及心理健康都产生不良后果。在中国特色社会主义迈入新时代背景下，国家领导人也一直强调要尊重人才，充分激发他们的创新创造活动，实际上就是要求我们能够建立有效的管理。

　　《上级无礼行为螺旋升级与涓滴效应研究》一书，是一本结合实例对中国情境下上级无礼行为螺旋升级及涓滴效应进行全面论述的著作。该著作主要研究三个方面的内容：一是以社会交换理论与互惠规范理论为基础，运用访谈法、问卷调查法构建了上级无礼行为螺旋升级过程中上—下级临界点行为模型；二是以社会认知理论为基础，运用问卷调查法考察上级无礼行为隐性螺旋升级，探讨了上级无礼行为对员工创新与创造力的影响；三是以社会认知理论、社会学习理论及归因动机视角建构经理无礼行为对团队工作结果和员工非工作结果的跨层影响作用机制模型。这使得关于这一领域的研究得到了进一步发展。本书对如何解决中国情境下管理实践中上级无礼行为引起的组织问题提供了较为深入系统的解决方案。

　　纵观全书，我觉得本书还有以下几个特点：一是文字精简，论证充分，论据有力，对相关问题的阐述深入浅出；二是紧贴生活和管理实际，拉近了读者与本书内容的距离；三是访谈案例丰富，对企业在管理实践中如何解决工作场所无礼行为有较好的参考意义。

　　本书作者刘嫦娥教授凭着对研究工作的热爱，一直潜心研究无礼行为，这次将数年潜心研究的成果出版，我感到特别高兴，相信本书的很多观点对企业构建良好的上下级关系，避免暴力事件发生，维护社会和谐稳定，均有很好的指导意义。

　　受作者之邀，特作此序，并向广大读者朋友推荐。

　　　　南京大学人文社会科学资深教授、商学院名誉院长、博士生导师

2018 年 12 月 26 日于南京大学商学院

　　上级无礼行为是指上级对下级的违反工作场所中相互关心、相互尊重这一规范，伤害意图模糊、强度较轻微的一种人际偏差行为，例如，将下属的功劳据为己有、轻视下属、隐瞒信息等。本研究的"上级"是指员工的直接主管。之所以选择上级无礼行为这一主题来研究，主要基于三个方面的考虑：一是鲍迈斯特（Baumeister，2001）等指出当个体面对不同刺激时，消极刺激比积极刺激对个体态度和行为的影响更为强烈。上级无礼行为作为一种消极刺激，可能比变革型领导、公仆型领导等积极刺激对员工的影响更大。二是工作场所无礼行为可能来源于主管、同事、下级或客户，但以往研究较少区分这些来源，上级通常是下级获取组织各种资源的守门员，贺西蔻维斯和巴灵（Hershcovis & Barling，2010）研究表明来自上级的无礼行为对员工态度、行为负面影响最大。因此将上级无礼行为与其他无礼行为区分开来研究有助于为雇员和雇主提供更具体、更有针对性的实践指导。三是相较于西方国家，中国是一个强调儒家文化的礼仪之邦，重视"和谐""中庸""面子"，通常上级即使对下属非常不满，仍然表现为没有明显伤害意图的无礼行为（如给小鞋穿）而不是撕破"面子"的辱虐管理。

　　实证研究表明中国组织工作场所中无礼行为普遍存在，上级无礼行为更为频繁。频繁的上下级无礼行为互动易导致临界点出现，即轻微的互动不公行为会升级至更高强度的侵犯行为，其酿成的消极后果对个体及组织造成无法弥补的破坏性影响。现有上级无礼行为研究聚焦于对个体、团队和组织的影响后果，较少从过程视角探讨上级无礼行为螺旋升级临界点行为。这是本研究重点关注的问题之一。安德森和皮尔森（Andersson & Pearson，1999）指出基于针锋相对的无礼行为螺旋升级模式将逐步升级，甚至可能演变为暴力行为。然而，由于权力不对称，上下级之间无礼行为螺旋升级过程中下级的行为表现模式有别于同级之间。遭受上级无礼行为的下级很少会采用"以牙还牙"的方式回应上级，通常选择被动回应，如原谅、表层伪装。他们通常采用隐性螺旋升级进行回应，如怠工、实施偏差行为、降低工作投入度、减少创新等。这是本研究重点关注的问题之二。上级无礼行为影响范围到底有多大？以往研究较少探讨经理无礼行为通过影响主管无礼行为而对员工造成的跨层面影响，也较少探讨主管无礼行为通过员工而影响员工的家庭生活，如家庭破坏、酗酒、生活质量等。这是本研究重点关注的问题之三。

研究问题一，运用社会交换理论与互惠规范理论，访谈了 120 件工作场所上级无礼行为螺旋升级事件。通过本研究团队成员与 4 位管理学专家共同对事件编码后形成条目，并对条目进行简化、归类、合并及整合形成问卷，邀请 12 位管理学专家对条目的全面性及语言表述的通顺性进行评价，形成测试调查问卷。研究共测试了 998 位管理者和 1158 位下属，运用 SPSS 21.0、MPLUS 7.0 数据软件，进行探索性因素分析、验证性因素分析及信效度分析，建构并检验上级无礼行为螺旋升级至临界点时上－下级行为模型。研究结果显示，首先，上级无礼行为螺旋升级经历两个临界点：一是上级无礼行为升级至敌意行为，二是敌意行为升级至暴力行为。上级无礼行为螺旋升级至上级临界点 1 时，上级临界点行为和下级临界点 1 行为是一个三因子模型，上级临界点 1 行为由人际侵犯、工作侵犯、背后造谣三个维度构成，下级临界点 1 有人际侵犯、工作侵犯、滥用职权三个维度；上级无礼行为螺旋升级至上级临界点时，上级临界点行为和下级临界点行为是单因子模型，分别由 9 个和 12 个条目构成。通过探索性因素及验证性因素分析，发现四个行为模型的相应指标达到标准，拟合性良好，同时具有良好的信度与效度。

　　研究问题二，一是以社会认知理论为切入点，考察上级无礼行为对员工创新的影响机制，探讨敌意认知的中介作用和员工控制点的调节作用。从企业中收集了 317 份有效卷，对研究假设进行检验。研究结果表明，上级无礼行为对员工创新有显著的负向作用；敌意认知完全中介上级无礼行为和员工创新之间的关系；员工控制点在上级无礼行为、敌意认知及员工创新之间的间接关系中起调节作用，也就是说，当员工的控制点水平越高时，敌意认知的中介作用越弱。二是以社会认知理论为基础，研究上级无礼行为对员工创造力的影响机制。通过对 372 名员工进行问卷调查，采用结构方程模型探讨内部人身份认知和创新动机的串联中介作用，并对研究假设进行检验。研究结果表明：内部人身份认知在上级无礼行为与员工创造力的关系间具有部分中介作用；内部人身份认知在上级无礼行为与创新动机的关系间具有部分中介作用；创新动机在上级无礼行为与员工创造力的关系间具有部分中介作用；创新动机在内部人身份认知与员工创造力的关系间具有部分中介作用；内部人身份认知、创新动机在上级无礼行为与员工创造力的关系间具有串联中介作用。

　　研究问题三，基于文献回顾和述评，从社会认知、社会学习和归因动机视角构建经理无礼行为影响团队工作结果和员工非工作结果的跨层作用机制模型。通过团队主管—员工配对问卷获取 78 个有效团队样本数据。运用 SPSS 21.0、AMOS 17.0 及 HLM 7.0 软件，进行探索性因素分析、验证性因素分析、验证性因素分析、层次回归、多层线性模型、Bootstrap 分析，检验经理无礼行为对团队工作结果的链式中介和调节作用及对员工非工作结果的跨层作用机制。实证结果表明：第一，经理无礼行为对团队创造力、团队效能、员工生活满意度及婚姻质量存在负向影响。第二，经理无礼行为通过主管无礼行为和团队心理安全感的链式中介对团队创造力和团队效能产生负向影响；经理无礼行为通过主管无礼行为对员工生活满意度和婚姻质量产生跨层负向影响。第三，主管对经理无礼行为的动机归因在经理无礼行为对团队心理安全感的间接效应中具有调节作用，即绩效归因起正向调节作用，敌意归因起负向调节作用。第四，员工对主管无礼行为的动机归因在主管无礼行为与员工生活满意度关系间具有跨层调节作用，即绩效归因起负向调节作用，敌意归因起正向调节作用；但员工对主管无礼行为的动机归因在主管无礼行为与员工婚姻关系间的调节效应不显著。

　　本研究结论为人力资源管理实践及管理决策提供依据。工作场所无礼行为螺旋升级应引起管理者的重视，轻微的人际互动不公如果处理不当或长期累积可能导致暴力行为，尤其当暴力行为指向的对象具有弥散性时，组织将遭受重创。因此组织要规范员工行为尤其是管理者的行为，控制无礼行为升级的影响因素。一是培训和塑造上级恰当的工作场所行为。组织要营造尊重和参与的环境，促进管理者在工作场所尊重下属。二是本研究建构的员工行为域对员工的行为规范培训提供重要的实践指导标准。经理无礼行为可以通过主管涓滴至员工，影响员工的工作及非工作结果，因此，组织要建立问责制，对上级无礼行为采取零容忍的态度。

目录

第1章

绪　　论

1.1　研究背景

上级无礼行为是指上级对下级的违反工作场所中相互关心、相互尊重这一规范，伤害意图模糊、强度较轻微的一种人际偏差行为（Andersson & Pearson，1999）。对它的研究来源于两个驱动：

（1）管理学科前沿发展趋势。泰珀（Tepper，2007）指出破坏性领导会对13.6%的美国工人及其组织产生十分消极的影响，并由此导致每年的直接经济损失达238亿美元以上。皮尔逊和波劳斯（Pearson & Porath，2005）的研究表明：在一个不顾及别人感受、让人摸不着头脑、沉默寡言、不善于鼓励人的管理者手下工作的员工，患致命性心血管疾病的可能性要比其他人高60%，而在一个有着娴熟管理技能的管理者手下工作的员工患冠心病的可能性要比其他人低40%。贺西蔻维斯和巴灵（Hershcovis & Barling，2009）对66个研究样本进行元分析，发现来自上级的偏差行为对员工态度（如工作满意度、情感承诺及离职意图）、行为（如人际偏差、组织偏差及工作绩效）的负面影响最大。破坏性领导行为是一种慢性压力源（Cortina et al.，2001）。它已被证实危害个体心理健康、身体健康及职业健康（Demsky et al.，2018；

Hershcovis et al.，2017；Jr. Reio & Ghosh，2009）。近年来，学者们对领导阴暗面行为开展了一系列研究，破坏性领导理论逐渐成为领导学研究前沿，吸引越来越多学者的关注（Harris et al.，2013）。在中国组织情境下尤甚，受传统文化（高集体主义和高权力距离）影响，领导与下属之间普遍存在着上尊下卑的现象，他们对下属的管理方式较少尊重下属的感受，客观上比西方组织具有更高水平的破坏性领导行为。研究者对中美组织领导的破坏性行为进行比较发现，中国的均值高于美国（李澄锋等，2013；席猛，2015）。中国是一个强调儒家文化的礼仪之邦，重视"和谐""中庸""面子"，领导对下属的破坏性行为普遍表现为没有明显伤害意图的无礼行为，而不是有敌意的辱虐管理。王淑星（2013）通过实证调查发现中国组织工作场所无礼行为普遍存在，上级无礼行为更为频繁。因此，在中国组织情境下选择上级无礼行为这一主题研究具有重要的理论前沿意义。

（2）和谐社会主旋律。和谐社会始于和谐型家庭及和谐型组织，上级无礼行为是构建和谐社会的重大隐患之一。它具有螺旋升级效应和涓滴效应，螺旋升级效应即上级无礼行为在互动的报复行为中升级，它所引发的负面情绪具有累积效应，最终可能演变为暴力行为（Andersson & Pearson，1999）。遭受上级无礼行为的个体将累积的负面情绪对内宣泄时将导致个体自杀，如引起了社会各界人士广泛关注的富士康 2010 年"十三连跳"事件，陈晓萍（2010）认为管理层在训斥员工时完全不考虑员工的颜面、尊严是事件发生的主要原因之一；遭受上级无礼行为的个体将累积的负面情绪对外宣泄时将导致个体杀人，如 2013 年 6 月 9 日湖南省某市档案局工会主席旷某刺死局长沈某事件，媒体经过调查分析事因缘于旷某一次开会迟到受到沈某的当面指责，旷某觉得未受到应有的尊重而怀恨在心，事后双方多次沟通不顺，旷某也因与上级关系不和积压负面情绪导致诸事不顺，矛盾越积越深从而演变为暴力事件。一旦上级无礼行为在互动过程中变为有恶意的伤害行为，螺旋升级链条便会不断增强，如果不及时断链，可能导致雇员离职或调离其他部门，甚至你死我活，两败俱伤（Meier & Gross，2015；刘嫦娥等，2012）。涓滴效应即上级无礼行为跨层对低两个级别的员工产生影响或者影响员工的家庭生活。例如，遭受经理无礼行为的主管可能对自己的下属进行无礼行为（Liu et al.，2012）；遭受上级无礼行为的个体会将负面情绪转嫁给权力更小的家人，影响家庭关系、婚姻质量、生活满意度、生活质量、幸福感等，从而导致家庭不和谐（Hoobler & Brass，2006）。更有甚者，根据共同受害者理论，群体内成员遭受上级无礼行为时，旁观者也会受到影响，一旦这些人联结起来，就很容易导致群体事件，从而影响社会和谐稳定发展，这与我们建设和谐社会的主旋律不符。因此，对上级无礼行为研究具有重要的现实意义。

1.2　研究意义

1.2.1　理论意义

本研究的理论意义从两个方面来阐述：

（1）就笔者所收集的资料来看，本研究首次从过程视角检验上下级工作场所无礼行为螺旋升级的机理。下级不恰当行为维度结构探讨有助于保住上级的面子，一旦威胁面子，上级无礼行为便升级为侵犯行为即有敌意的伤害行为。同时在上级无礼行为升级过程中探讨了一些个性特征变量如控制点、自恋，情景变量如中国人传统性等在这个过程中的影响作用。

（2）在中国组织情境下探讨上级无礼行为的涓滴效应，丰富了无礼行为研究的诺莫网络（nomological network）。工作场所无礼行为可能来源于主管、同事、下级或客户，但以往研究较少区分这些不同来源的工作场所无礼行为。上级通常是下级获取组织各种资源的"守门员"，有研究表明上级无礼行为对员工态度、行为负面影响最大。因此将上级无礼行为与其他无礼行为区分开来有助于为雇员和雇主提供更具体、更有针对性的实践指导。上级无礼行为影响到底有多远？以往研究较少探讨经理无礼行为通过影响主管无礼行为来跨层面影响员工，也较少探讨主管无礼行为通过员工进而影响员工的家庭生活，如家庭破坏、酗酒、生活质量等。本书依据社会交换理论、互惠规范理论、社会学习理论、信息加工理论等，对一系列变量之间的关系进行了实证检验。这些研究结果可以部分解释当下社会离婚率升高、员工酗酒背后的另类难言之隐。研究结论既可以提高组织绩效，也可以促进家庭和谐、社会和谐。

1.2.2　现实意义

本研究的结论为人力资源管理实践、管理决策及和谐社会建设提供依据。工作场所无礼行为螺旋升级应引起管理者的重视，轻微的人际互动不公如果处理不当或长期累积可能导致暴力行为，尤其当暴力行为指向的对象具有弥散性时，组织将遭受重创，如早几年沈阳一家公司某职员自觉遭受不公正待遇而引爆办公楼。因此组织管理者要规范员工行为尤其是管理者的行为，控制无礼行为升级的影响因素。一是培训和塑造上级恰当的工作场所行为。组织要营造尊重和参与的环境，促进管理者在工作场所尊重下属。另外，招聘与选拔管理者时注重行为阴暗面考察。根据"坏苹果理论"，一个坏苹果可以殃及一筐苹果。因此，对不尊重、体谅他人的应聘者坚决不予以录用。二是建立问责制，对上级无礼行为采取零容忍的态度。当组织发现上级无礼行为时，责令改正，行为严重者，降薪降职甚至开除，绝不姑息。三是建构的员工行为域对员工的行为规范培训提供了重要的实践指导标准。员工从事行为域中的行为便会导致上级无礼行为升级，因此，组织要定期对员工的行为规范进行培训。四是经理无礼行为可以通过主管涓滴至员工，影响员工的工作及非工作结果，而和谐社会源于和谐家庭、和谐组织，因此，本研究成果为消除和谐社会建设的隐患提供了依据。

1.3　国内外相关研究动态分析

安德森和皮尔逊（Andersson & Pearson，1999）最早将工作场所无礼行为（workplace incivility）作为反生产行为的一个子集独立出来，并将工作场所无礼行为定义为一种违背工作场所中相互尊重规范、伤害意图模糊、低强度的人际偏差行为。他们还对工作场所无礼行为与其他不良行为进行了区分（见图1-1）。员工反生产行为是指给组织或其成员造成伤害的行为，包括组织中所有的不良行为。偏差行为指违反工作场所规范的行为，包括人际偏差行为和组织偏差行为。侵犯行为包括暴力行为以及部分无礼行为（如那些有伤害意图，却又不太明显的侵犯行为）。而其他不包含在侵犯行为范畴内的无礼行为则是没有伤害意图的行为，如出于疏忽大意而造成的不敬。因此，无礼行为与侵犯行为一样，都是偏差行为的一种，但程度较轻，伤害程度不明确。

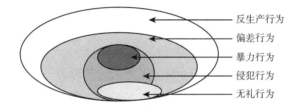

图1-1　工作场所无礼行为与其他不良行为的关系

典型的无礼行为包括：交谈时居高临下或心不在焉、随意打断别人的谈话、尖锐地批评他人、无视他人的意见或贡献、背地里闲言碎语或散布谣言、排斥团队成员、频繁改变规则与条例、额外的控制与监督、不守信用等（Andersson & Pearson，1999；Johnson & Indvik，2001）。

工作场所无礼行为经过近20年的研究，国内外学者在此领域已取得了一定的成果，主要表现在如下几个方面：

1.3.1　工作场所无礼行为的测量量表相关研究

科尔蒂纳等（Cortina et al.，2001）开发了第一个工作场所无礼行为测量量表（WIS）。WIS是一维结构，包含7个条目。虽然WIS有许多优点，但是由于其过于简洁，不能全面概括工作场所无礼行为这一构念的内容。

伯恩菲奥德等（Burnfield et al.，2004）编制了八维度38个项目的无礼行为测量量表，包括不顾及他人的行为、不当的领导行为、社会排斥行为、不当玩笑、打断行为、搭便车行为、流言蜚语、敌对氛围等。该量表由于维度较多，有助于研究者更加细致全面地测量工作场所无礼行为，但由于条目较多，应用不如 WIS 广泛。

马丁和海因（Martin & Hine，2005）开发出工作场所无礼行为的多维结构量表（UWBQ），包括 17 个条目，可以对工作场所无礼行为进行更可靠、更有效的测量。而且由于多维无礼行为结构包含内容更为宽泛，因此可以比一维结构解释更多员工结果变量发生的变化。

布劳和安德森（Blau & Andersson，2005）成功借鉴古特克、瑟尔和凯帕（Gutek，Searle & Klepa，1991）将工作侵扰家庭维度结构转换为家庭侵扰工作维度结构的经验，基于科尔蒂纳等（Cortina et al.，2001）所开发的 7 个项目，开发了第一个实施者（instigator）视角的无礼行为一维结构。

刘嫦娥和戴万稳（2011）从受害者的角度出发，在马丁和海因（Martin & Hine，2005）结构维度的基础上，运用访谈法、问卷调查法初步得出了中国情境下工作场所无礼行为的五维结构，分别为敌意对待、隐私侵犯、孤立疏远、背后造谣及权力滥用。与马丁和海因（Martin & Hine，2005）开发的结构维度相比多出权力滥用这一维度。国外有关无礼行为的量表中，研究者并没有将管理者实施的无礼行为进行单独区分，而在中国这个高权力距离国家中，无礼行为的实施者更可能是组织中的管理者，因此把管理者无礼行为即权力滥用作为单独的一个维度列出，更符合中国的国情。

1.3.2　工作场所无礼行为螺旋升级临界点相关研究

临界点由物理学而来，物理学中因为能量的不同而会有相的改变（例如，冰→水→水蒸气），相的改变代表界的不同，故当一事物到达相变前一刻时我们称它临界了，而临界时的值则称为临界点，它指的是范围的改变（升级）及结构的改变（形式的变化）。临界点这个概念已经运用于很多学

科，如流行病学家用临界点来界定一种疾病超过多大范围便确定为流行病
（Gladwell，1996）。许多社会学家用临界点来描述社会现象如犯罪等，程度
轻微破坏或者在墙上涂鸦等小问题将会升级成为大范围的严重性犯罪（Wil-
son & Kelling，1982）。津巴德（Zimbard）的"破窗理论"对临界点进行了
很好的诠释，该理论认为，一个破损的窗户如果没有得到修补，则可能降低
严重犯罪的临界点。无人修补的窗户这一事实向潜在的破坏实施者传达一个
信号，即没人会在乎这些财产，也就意味着在这个区域即使增加更多的破坏
也不会遭受谴责（Wilson & Kelling，1982）。临界点也被应用至个体层面现
象，如一个人可能会经历"压垮骆驼的最后一根稻草"事件。在人际互动
中，处于不公正链条上最后一小点不公平突然引发一个强烈的报复性反应
（Tedeschi & Felson，1994；Aryee et al.，2007）。例如，想戒酒的酒鬼在一次
聚会上禁不住诱惑喝了一小杯酒，结果触发"滚雪球效应"，聚会期间豪饮
10 倍以上的酒（Baumeister，Heatherton & Tice，1994）；一个员工在工作场
所中经历了一系列互动不公的境遇后，一件触发事件可能致使他或她第二天
带枪上班。这些案例表明，在临界点时，个体会突然感受到逆境的威胁，并
且会丧失继续控制其自身言行举止的动机。临界点也可以描述无礼行为互动
升级为侵犯行为这一现象（Wo et al.，2015）。当无礼行为在互动过程中至少
有一方已经感知到身份威胁，临界点就出现了，促使被威胁方产生更强烈的
报复行为或意图（Youngs，1986），甚至超出了无礼行为的界限而进入有伤
害意图的行为范围。工作场所无礼行为经过一系列交互的累积，当一方感知
到遭受身份威胁或者丢脸，然后螺旋就会突然扩大升级（Felson，1982）。在
一方感知到身份威胁或者丢脸时，临界点就出现了。安德森和皮尔逊
（Andersson & Pearson，1999）提出了一个工作场所无礼行为交互的螺旋升级
过程，但迄今为止，还没有相关研究探讨临界点行为的实证研究。

1.3.3　工作场所上级无礼行为螺旋升级相关研究

螺旋模式（spiraling pattern）指工作场所无礼行为可能向需要消耗较大

能量的行为演变，如升级为侵犯行为或暴力行为（Andersson & Pearson，1999；Baron，Neuman & Geddes，1999）。螺旋模式包括螺旋不升级模式及螺旋升级模式。

螺旋不升级模式是指无礼行为主、客体双方在互动回应中一方回避另一方或双方经过沟通达到和解的模式。无礼行为实施者为主体，无礼行为受害者为客体。

螺旋升级模式是指无礼行为主、客体双方在"以牙还牙"的互动中最终可能演变为侵犯行为或暴力行为的模式，暴力行为是侵犯行为的一种极端形式。例如，雇员 A 忽略雇员 B 的要求，B 以嘲笑的方式回应 A，接着 A 出言侮辱 B，B 于是推搡 A，A 则对 B 进行身体侵犯，这种互动会迅速升级。当有一方意识到自己的社会身份受到威胁时，无礼行为便升级为侵犯行为，身份受到威胁是冲突升级的临界点（具体见图 1-2）。螺旋升级模式推导的理论基础是互惠规范理论（norm of reciprocity）与社会交换理论。

无礼行为的螺旋模式得到了少数实证研究的支持。波劳斯、奥弗贝克和皮尔逊（Porath，Overbeck & Pearson，2008）研究表明：男性和高地位者以较强的侵犯行为方式回应即螺旋升级模式，女性和低地位者以较强的回避方式回应即螺旋不升级模式；男性对同事的无礼行为抵制最强烈；受害者对实施者行为的合理性感知及抵制后果在自变量与因变量之间起调节效应。金等（Kim et al.，2008）对韩国被试与美国被试进行了跨文化比较研究表明：韩国被试对冒犯群体更倾向于回避与抵制，对与自己具有相似性的冒犯者及冒犯个体更倾向于和解，美国被试对与自己具有相似性的冒犯者及冒犯群体也倾向于和解，但对与自己相似程度不高的冒犯个体更倾向于抵制。这个研究表明工作场所无礼行为螺旋模式演变的影响因素存在跨文化效应。科尔蒂纳和麦格里（Cortina & Magley，2009）的研究发现实施者与受害者的相对地位、无礼行为特征（发生频次、形式的多样性及持续性）对螺旋模式有预测作用。由于已有研究证实了螺旋模式预测因素具有跨文化效应，因此，有必要加上中国情境下的一些变量，来探讨无礼行为螺旋模式升级机理。

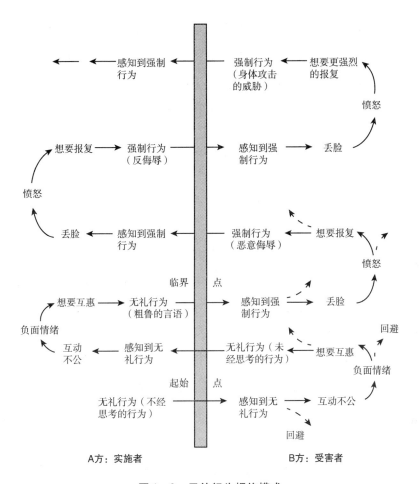

图1-2　无礼行为螺旋模式

资料来源：安德森和皮尔逊（Andersson & Pearson, 1999）。

　　安德森和皮尔逊（Andersson & Pearson，1999）提出的无礼行为螺旋模式是在针锋相对的基础上逐步升级，直至可能演变为暴力行为。然而，对于上级无礼行为，下级很少会用对抗的形式回应，通常选择被动回应，如原谅（Tripp et al.，2007），或是表层伪装（Carlson et al.，2012）。由于上下级之间权力不对称，"以牙还牙"互动过程在上下级之间不太可能发生。因此，上下级之间无礼行为螺旋升级过程中下级的行为表现模式有别于同级之间。以往研究将下属的敌意归因风格（Martinko et al.，2011）、主管的公平声誉

（Jones & Skarlicki, 2005）作为调节变量对上下级不公平互动进行了探讨。为了更好地了解上下级之间行为互动的螺旋升级过程，还有许多变量如控制点、中国人现代性、下级权力劣势感、下级工作流动性、下级不恰当行为感知、上级权力优越感、上级不公正感知等均值得研究。

1.3.4　工作场所上级无礼行为涓滴效应相关研究

涓滴效应（trickle-down effect）指工作场所无礼行为向下流动所产生的影响（Mawritz et al., 2012），涵盖两方面的内容：一是上行下效，上级不良行为可以通过"榜样学习"获得下级的模仿；二是高层管理者的不良行为可以通过涓滴对低两个层级的下属及家人产生影响。例如，上级 A 对 B 实施无礼行为，受害者 B 实施报复转移，寻找权力较少者 C 实施无礼行为。同样，C 可能也将无礼行为转移至权力更少者 D。

涓滴模型的理论基础是社会学习理论、ASA 理论及信息加工理论。社会学习理论（Bandura, 1986）认为个体通过直接经验或者通过观察他人获得社会行为。吸引—选择—摩擦（ASA）理论认为个体被工作团队所吸引和选择，是因为他们的个人属性和工作团队相适宜（Schneider, 1987）。在组织情境下，社会学习理论用来解释组织成员行为迁移。组织成员观察其他成员的行为（例如，上级、同事），根据信息加工理论，员工会模仿那些能产生积极效果的行为。尽管大多数组织研究运用社会学习理论探讨积极行为的迁移，但也有少数研究运用社会学习理论来解释组织偏差行为的扩散（Barling, Dupre & Kelloway, 2009）。戈德斯坦（Goldstein, 1986）认为个体可能模仿那些组织中高地位者的侵犯行为，这表明侵犯行为能从一个组织层级涓滴到下一个组织层级。沙密（Shamir, 1995）认为下级倾向于模仿他们直接上级的行为。也就是说，上级从他们的经理那里习得偏差行为之后，对他们自己的雇员采取相似行为。

社会信息加工理论（Salancik & Pfeffer, 1978）认为社会情境影响雇员对上级无礼行为的反应。但很少有研究将社会情境作为上级无礼行为影响的一个边界条件（Martinko et al.，2013）。工作团队中敌意氛围的存在可能使雇员更容易模仿他们的上级无礼行为，因为敌意氛围将创造一个社会情境，促使和鼓励偏差行为。因此，本研究将工作团队内的敌意氛围作为上级无礼行为对工作团队偏差行为涓滴效应的调节变量。

　　涓滴模型以往研究主要聚焦于正面领导如魅力型领导、道德型领导、公仆型领导怎样影响较低层次的雇员（Bass et al.，1987；Mayer et al.，2009）。最近，涓滴模型开始用于破坏性领导研究，仅有为数不多的几篇文章探讨了如组织不公正、工作压力、与领导关系冲突（例如，Aryee et al.，2007；Tepper，Duffy，Henle & Lambert，2006），心理契约违背（Hoobler & Brass，2006），领导者结构高原（李澄锋等，2013）等因素如何从管理的较高层级涓滴到较低层级的雇员。但对经理无礼行为等情境变量如何涓滴到较低层级雇员还没有相关研究。

　　利姆和李（Lim & Lee，2011）研究表明组织员工通常遭受来自比自己相对地位高的人的无礼行为，那么下属遭受上级的无礼行为之后如何对待家人呢？有关无礼行为在上级—下属—家人之间如何转移的问题，利姆和李（Lim & Lee，2011）实证研究表明遭受上级的无礼行为会影响员工的工作—家庭冲突；胡布勒和布拉斯（Hoobler & Brass，2006）的实证研究表明上级的辱虐管理与员工的家庭破坏存在很大的相关性。具体来说，管理者感知到组织违背心理契约便对下属进行辱虐管理，遭受辱虐管理的下属便对家庭权力较小者实施转移攻击，从而破坏家庭关系。辱虐管理是一种上级对下级持续表现出言语或非言语的敌意行为，但不包括身体接触，伤害下属的意图比无礼行为明显。现有研究基本上都是关注上级无礼行为对下属的职业健康如组织承诺（Estes & Wang，2008）、工作满意度（Bunk & Magley，2013；Lim & Lee，2011）、工作绩效（Porath & Erez，2007；毛畅果和孙健敏，2013）及产生离职意图（Bunk & Magley，2013；Jr. Reio & Ghosh，2009）等方面的研究，心理健康如焦躁、认知分离、过度担心、压力以及心理沮丧等（Lim & Cortina，2008），身体健康如偏头痛、胃溃疡、高血压等（Gardner & Johnson，2001）。而很少关注上级无礼行为对下属的非工作结果如婚姻质量及家庭关系的影响（Lim & Lee，2011）。国内学者关于破坏性领导对下属的影响基本也是集中于下属的工作结果方面（高日光，2009；李锐，2011；孙健敏等，2018；吴隆增和刘军等，2009；肖小虹等，2018）。

综上所述，以往研究大多是以西方文化背景为主导。中国是一个强调儒家文化的礼仪之邦，中国文化强调"和谐""中庸""关系""面子"等，可能对上级无礼行为螺旋升级产生影响，此外，霍夫斯泰德认为中西方文化在集体主义、权力距离、不确定性规避等方面存在差异，由差序格局导致的圈子文化等因素也可能使得上级无礼行为涓滴效应不同于西方，这是开展本土化研究所应探讨的问题。在中国情境下，尚存在很多新问题有待探索，具体包括以下两个方面：

第一，上级工作场所无礼行为螺旋升级机理有待进一步研究。以往研究只有安德森和皮尔逊以互动视角从理论上探讨了主、客体双方的螺旋升级过程，但并未得到实证检验。关于上级无礼行为的螺旋升级还没有相关研究探讨，任何事件都是在社会互动中相互联系，而不是单一的、离散的事件（Hoobler & Brass，2006）。要完全揭示无礼行为螺旋上升的动态过程，就要采用过程视角进行分析。在中国文化背景下，"官大一级压死人""死要面子活受罪""和气生财"的理念对上级无礼行为的螺旋升级将有怎样的影响呢？如果上级迫不得已要与下级"撕破面子"，那么是下级哪些行为使得上级忍无可忍才不得不出此下策，这都是本研究要解决的问题。随着中国社会现代化进程，中国人的传统观念（如服从权威等）得到一定程度的削减（樊景立和郑伯埙，2000）。因此，中国人传统性可能在螺旋升级中起调节作用。

第二，上级无礼行为涓滴效应机理有待进一步研究。现有文献没有将经理无礼行为作为主管无礼行为的前因变量来研究无礼行为的涓滴效应，在影响的后果变量中，群体层面上较少有研究对群体创新能力及群体偏差行为等变量进行探讨；个体层面上较少有研究对员工的自虐行为如酗酒、员工的非工作结果变量进行探讨。在中国文化背景下，还有许多变量值得探讨。家长式领导中的威权领导、基于主管无礼行为的动机（提升绩效的归因、伤害意图的归因）、圈子文化（圈内、圈外）、无礼行为发生场合（公开、私下）、权力距离、中国人的传统性等变量都可能影响上级无礼行为的涓滴效应。受儒家文化的影响，中国还存在男尊女卑观念，因此性别也可能是一个影响因素。

1.4　全书框架

1.4.1　本书的理论框架

本研究基于上级无礼行为螺旋升级及涓滴效应框架，通过社会交换理论及互惠规范理论，推导上级无礼行为所引发的负面行为在上下级间互动升级的过程，并通过个体访谈以及问卷数据检验分析，构建无礼行为螺旋升级上—下级临界点行为模型。此外通过整合社会认知、社会学习和归因理论，结合我国组织管理过程所面临的破坏性领导问题，构建上级无礼行为涓滴效应模型。如图 1 - 3 所示，本研究主要分为上级无礼行为螺旋升级和涓滴效应理论模型。

1.4.2　本书的结构安排

根据研究的逻辑关系，本书的结构如下：

1.4.2.1　工作场所上级无礼行为螺旋升级研究

无礼行为螺旋模式有螺旋不升级及螺旋升级两种模式。两种模式中螺旋升级模式造成的负面影响更大，因此很有必要探讨螺旋升级模式的临界点即员工回应的行为域，当员工的不恰当行为进入此范围时，上级无礼行为便升级为侵犯行为。为了给螺旋升级模式进行"断链"。根据逻辑顺序，这部分研究包括如下内容：

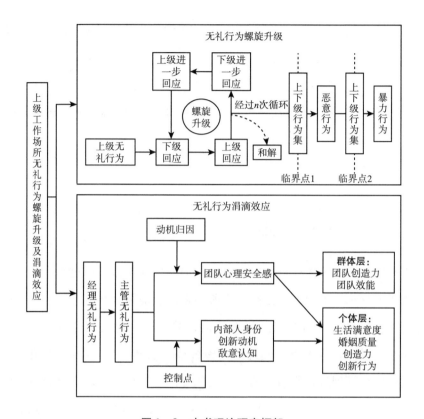

图 1-3 本书理论研究框架

1. 上级无礼行为升级为侵犯行为临界点时下级不恰当行为域研究

上级实施无礼行为—下级对无礼行为进行回应—上级对下级再进行回应—下级对上级行为进行再回应，如此循环往复，由于上级掌握着下级的一些重要资源，通常是上级先"撕破面子"，那么下级回应哪些不恰当行为让上级对下级的无礼行为升级为侵犯行为呢？本书运用过程视角拟探讨下级不恰当行为域，即下级回应行为进入此范围时，上级对下级的无礼行为突然升级为侵犯行为。具体过程如图 1-4 所示。

上级无礼行为螺旋升级临界点行为模型构建根据研究步骤，可分为三个子研究开展分析：

研究一，上级无礼行为螺旋升级事件分析及临界点行为条目初探。

本部分主要根据前期制作的访谈问卷，对个体进行事件访谈，并根据所

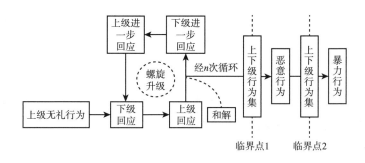

图 1 − 4　上级无礼行为螺旋升级临界点理论研究模型

得结果进行分析，包括对访谈内容所得的材料进行整理、编码、归类和汇总，根据格拉泽（Glaser）提出的理论抽样观念，至少进行 15 ~ 20 个访谈事件，因此，本阶段对访谈事件内容进行编码、分析与归纳，构建量表初步条目，并对条目内容开展表面效度和内容效度分析，以及通过问卷发放的形式进行预测试。

研究二，上级无礼行为螺旋升级临界点行为模型探索性因素分析。

本部分主要根据研究一所整理出的行为量表，发放问卷收集数据，运用 SPSS 21.0 对数据进行探索性因子分析。然后依据样本因子载荷以及 KMO 值进行判定样本数据是否适合进行因子分析，如果判定合适，再进行因子分析以进一步筛选题项，得到合适的维度结构，最后对量表进行信度、效度分析。

研究三，上级无礼行为螺旋升级临界点行为模型验证性因素分析。

本部分主要作为研究二的补充分析。为得到更准确的量表，在探索性因子分析结果的基础上，本阶段分析采用 SPSS 21.0 和 MPLUS 7.0 对量表进行信度检验及验证性因子分析。虽然探索性因子分析和内部一致性信度分析所得到的因子载荷都比较高，但是却无法保证这些指标产生的潜变量就是研究所要测量的理论构念，为了进一步检验上级无礼行为螺旋升级临界点行为模型的适切性，需要采用验证性分析与信效度检验对行为模型进行检验。

2. 上级无礼行为隐性螺旋升级的实证研究

除了下级不恰当行为外，还有一系列个体因素及情境因素对螺旋升级有促进作用，且对员工或组织产生一些不良后果。由于权力差距的存在，下级回应上级无礼行为通常选择回避或偏差行为，虽然不是针锋相对的外显螺旋升级，但上级无礼行为也会在互动过程中引发下属的报复如降低创新、减少对工作的投入、破坏公司财产，本研究将这种互动进展过程称为上级无礼行为隐性螺旋升级。本研究拟探讨个体因素如控制点、中国人传统性、敌意认知、内部人身份认知等，情境因素如组织支持感等，以及个体因素与情境因素的交互作用在上下级无礼行为隐性螺旋升级中所起的作用。

1.4.2.2　上级无礼行为涓滴效应研究

1. 经理—主管—群体之间涓滴效应研究

经理无礼行为引发主管无礼行为，主管无礼行为导致所在团队的创新能力下降，而团队偏差行为增加，这一过程受到团队敌对氛围、团队成员对主管无礼行为的动机归因（基于提升绩效的归因、基于有意伤害的归因）等变量的调节作用。

2. 经理—主管—下属—家人之间涓滴效应研究

本部分内容探讨上级无礼行为对下属非工作结果的影响。圈子文化、中国人的传统性、权力距离、无礼行为发生场合（公开、私下）、心理沮丧等对下属的非工作结果，例如，配偶破坏、酗酒、生活质量、幸福感起到中介或调节的作用。值得一提的是，理论上高权力距离的员工遭受上级无礼行为之后演变路径由于能够将上级行为合理化，直接模仿上级无礼行为，这种员工对家人的破坏行为就是榜样学习而不是攻击转移了。具体见图1–5。

1.4.2.3　管理实践对策研究

在上述研究的基础上，本研究将新的研究成果与既有的理论整合起来，形成一个对上级无礼行为的相对完整的理解。同时采用质化研究方法进行剖析，并结合以前的研究成果进行归纳、总结和提炼，以此形成具体的干预对策。

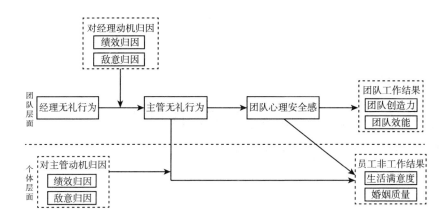

图 1−5　上级无礼行为涓滴效应研究模型

第 2 章
上级无礼行为螺旋升级事件分析
及临界点行为条目初探

2.1 访谈设计

2.1.1 访谈样本来源

笔者所在科研团队对 120 名企业的普通员工和管理者进行访谈，访谈样本分布在制造、金融、房地产、餐饮、交通运输、建筑、计算机等行业。此外，考虑到文化差异的影响，没有选取国内各类企业中的外国员工。表 2 - 1 为 120 名访谈对象基本情况，表 2 - 2 为典型事件的 15 名访谈对象信息情况。

表 2 - 1 访谈样本对象基本情况

人口统计学变量	变量取值	样本数（名）
性别	男	56
	女	64
年龄	25 岁及以下	24
	26 ~ 30 岁	38
	31 ~ 35 岁	22
	36 ~ 40 岁	18

续表

人口统计学变量	变量取值	样本数（名）
年龄	41~45 岁	10
	45 岁以上	8
学历	大专及以下	42
	本科	54
	硕士及以上	24
职位	普通员工	70
	基层管理者	32
	中层管理者	14
	高层管理者	4
工作行业	餐饮	22
	计算机	14
	制造	32
	房地产	28
	其他	24

表 2-2　　　　　　　　　　典型事件访谈对象情况

访谈事件	年龄	性别	学历	工作年限	从事行业	职位
事件一	24	男	本科	2 年	行政单位（地税局）	统计
事件二	34	女	专科	7 年	旅游业	旅游计调
事件三	24	女	本科	2 年	母婴业	销售
事件四	28	女	专科	7 年	餐饮业	值班经理
事件五	30	女	本科	4 年	计算机业	储备负责人
事件六	27	男	本科	5 年	制造业	技术师
事件七	30	男	本科	4 年	房地产业	销售
事件八	30	女	专科	7 年	教育培训业	托管老师
事件九	26	女	本科	4 年	电子商务业	部门经理
事件十	23	女	本科	1 年	培训业	实习生
事件十一	40	男	专科	16 年	物业	保安队长
事件十二	23	男	本科	1 年	IT	程序员
事件十三	25	男	专科	3 年	房地产	销售
事件十四	31	男	本科	8 年	金融业	业务员
事件十五	22	男	专科	1 年	食品业	销售

2.1.2 访谈提纲

访谈主题包含两个部分：第一部分主要涉及访谈对象的基本信息；第二部分是访谈的主题内容，访谈主题是"请您详细谈谈您与上级或下级发生冲突事件的过程""是否是因为当时对方的这种行为，引发您想用更强的行为回应他/她""当对方采取无礼行为或敌意行为时，您当时想采取什么方式回应""您认为在工作场所中，上/下级还有哪些行为会让您想用敌意行为或暴力行为回应对方"等。经过预访谈修正与专家评估，认为正式访谈提纲设计合理，访谈内容与主题紧密相连，可达到预期的访谈效果。

2.2 访谈实施

访谈时间是在访谈对象非工作时间，地点设在访谈对象的办公室或休息室。在正式访谈前，会进行简要的沟通，一方面确认访谈的目的与主题，另一方面强调此次访谈并不存在利害关系，仅用于学术研究，确认被访谈者能够围绕并理解研究主题的实质，让被访谈人员能够毫无顾虑地真实表达自身想法。在访谈中，考虑到被访谈对象需要一定时间进入状态、理解访谈意图，因此访谈时间一般为40分钟左右，实际访谈时间根据被访谈对象的具体情况进行。此外，研究者还利用开放式问卷收集相关信息，要求受访者根据自己的经历和理解，罗列出引发自己产生敌意行为或暴力行为的行为。同时，除了主访谈者会进行访谈、记录，还会有研究团队其他成员进行录音、记录，避免遗漏出现相关重要信息。

2.3 典型事件动态分析

本书对访谈内容所得的材料进行整理、编码、归类和汇总，根据格拉泽

（Glaser）提出的理论抽样观念，至少进行 15 ~ 20 个访谈事件，以下为典型事件动态分析过程。

2.3.1 访谈事件一

2.3.1.1 访谈背景介绍

受访者毕业后就职于某地方税务局统计岗位，在单位中年龄小、资历浅，受访者认为有些老干部仗着自己资历深，总是会指挥他做这做那，并且从没考虑他的感受。最初，受访者认为自己刚入职场，应该努力工作，一直暗示自己多忍耐，认为领导总会看到自己的辛勤付出。可是久而久之，老干部不但没有看到受访者的辛苦付出，反而变本加厉地使唤受访者，巨大的工作压力和每日烦琐的事物扰乱心情，他变得越来越不爱说话，不能调适自身状态，感觉难以释怀。受访者尝试私下在微信中与领导沟通，但是发现没有得到关注和重视，便与领导进行了当面对话。

2.3.1.2 访谈内容

（A：采访者　B：受访者）

A：您能具体描述下当时与领导发生冲突的情形吗？

B：好，大概是这样一个情况，那天我看主任没什么特别要紧的工作，就特意找了一下他。具体对话如下：

我敲门进去说道："主任，您好，有些事情我憋心里好久了，想和您聊一聊。"

主任回答："好，你说。"

"从 2016 年入职以来，我对待工作认真负责的，按时按量完成任务，任劳任怨，但是我不太理解，为什么局里某些干部总想吩咐我做事，并且有时候说话的方式还特别让人不舒服。刚开始时，我个人认为不应该拒绝领导吩咐的事情，既然是前辈交代的就好好做，但是久而久之，某些前辈并没有意识到自己的这种做法严重干扰到了我的正常工作，而且我们的容忍是有限度的，我们的底线也是不容随意挑战的，我想捍卫自己的利益！所以麻烦主任转告那些老干部，让他们做好自己分内的事情，别总想着使唤我们这些年轻人，我们也是有限度的，我们年轻人也有自己的个性和自由！"我大概就说了这些，当时我们主任脸色有点变化，他可能也意识到了自己也是那些使唤我的干部之一。

他沉默了一会儿，说："你工作确实比较认真，那些前辈们只是希望你能够懂得为人处世，有更多的工作经验，想锻炼你而已，你刚才说的那些事情真是你想多了。"

当时我听了就很不舒服，我说："可能确实我有些误会，但是我认为一而再再而三地命令我、使唤我做事，就是另有意图了吧，我觉得换任何一个人应该都是不能接受的。"然后我们那个主任他就瞪了我几眼，说道："上级命令下级做事是天经地义的事，你拿钱就应该干活，请你过来不是让你来吃白饭的！"

我听到后就很生气啦，我拿钱肯定只做分内的事啊！我就回他："我真的很讨厌这种被人挥之即去，感觉很不受到尊重，我真的忍了很久了，所以今天才跟你提出来的。"

主任说："忍？你说你忍我们这些前辈很久了？你掂量掂量自己什么分量，几斤几两，再来评价我们吧，如果不想干了可以不干，大不了你拍屁股走人，我们也并非你不可，你还没到那种境界。"

我听完他说的这些之后，真想骂他是××领导，不想在他办公室多待一刻。当时我就冲出办公室去了，还大哭了一场，然后几天之后就辞职了。

A：您怎么看待这份工作经历？

B：我觉得是个错误吧，我觉得他们有点欺负弱势群体，可能也有看不起我们这种专科生吧，在那里工作的那段时间，我都快抑郁了，还好现在辞职了。在这个社会太黑暗了，就这样吧，希望以后越来越好。

A：谢谢你能接受访谈，希望你越来越好。

2.3.1.3 访谈分析

图 2 - 1 显示了无礼行为的螺旋升级过程。受访者感受到领导多次随意使唤自己的不尊重行为，通过微信交流后并未有成效，尝试与领导面对面沟通来解除内心压力，在受访者阐述自己这段工作中因单位干部们经常命令自己帮忙干分外工作后，受访者感觉领导并没有真诚地设身处地替自己着想，于是他表达干部们这些行为可能是欺负自己为弱势群体。领导者当时就不能接受下属对自身的质疑，随即出现"上级认为命令下级做事是天经地义的事""请你过来不是让你来吃白饭的"，甚至还出现"掂量掂量自己分量，几斤几两""大不了你拍屁股走人"等带有身份威胁、恶意攻击意图的言语，致使受访者冲出办公室，虽然受访者没有与领导发生更高强度的正面冲突，但对自己与领导沟通深感愤怒和绝望，只能是通过离职方式解决这一矛盾。

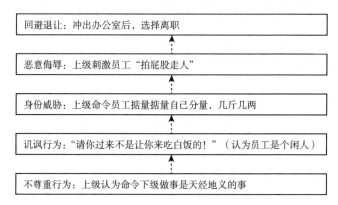

图 2 - 1　螺旋升级过程（事件一）

2.3.2　访谈事件二

2.3.2.1　访谈背景介绍

受访者在生育后就职于一家旅游公司的旅游计调岗位，工作年限为 4 年。开始很满意公司提供的 4000 元底薪，在入职后的前半个月中，忠诚于公司，工作认真，愿意为了公司奉献自己。但在月末发工资时，受访者却只拿到了2000元，心里开始感到与预期不符合，将事情告知父母，父母也觉得公司对劳动者不尊重，公司经营存在诚信问题。因此，第二天工作中受访者存在消极情绪，公司老板和同事发现她异常状态后，就有了如下谈话。

2.3.2.2　访谈内容

（A：采访者　B：受访者）

A：请您谈谈当时的情形。

B：好的。老板把我叫到了办公室。具体对话如下：

老板问道："小刘，你今天怎么了？为什么做事没在状态？"

然后我就告诉老板："没什么，只是心情不好，有些话不想说出来。"

老板就说："看你今天这个状态，你肯定有心事，可以跟我谈谈。"

我回答道："老板，我就搞不懂了，刚开始约定好4000元的底薪工资，为什么我干了一个月之后只有2000元？"

老板："我当时说的是2000元的底薪，算上提成是可能达到4000元，你所听到4000元底薪，一定因为你没听清楚。"

我回答："老板，但是我觉得特不值当，如果按照您这样算的话，那我这个月进来贵公司工作的时候，我邀请了我整个家族的人都来参加贵公司的旅行计划，这样算来的话，我的底薪是绝对不可能只有2000元，至少也得有3000元。"

老板："那肯定是你听错了，这种情况绝对不存在，绝对不能有4000元的底薪。"

老板一直强调是我听错了，我当时就特别激动。

我语气有些重："我是说如果按照2000元的底薪，那我也可以拿到3000多元，甚至是接近4000元的工资。而且我敢肯定，我当时是没有听错的，可能你们觉得我处在试用期，就想克扣我的工资！"

"那不可能，绝对是你个人的问题，是你听力出现了问题，我现在让你双休，双休也是要扣工资的。"老板继续狡辩道。

我听到老板说了这个之后，我内心的火气顿时就上来了。

我怒吼："我看就是你们公司不想讲诚信，利用我们这些试用期的员工来为你们多做事。"

老板听了我的话，也火冒三丈，他说："明明是你自己听错了，还说我们公司不讲诚信，没见过你这种员工！"

我说道："你这种老板说话这么没素质，居然还能当上老板，也难怪，只能当小公司老板，估计也当不了多久了。"

老板气得直跺脚，说："你在试用期，就敢这么嚣张，等你以后成为正式员工，那还得了。"

我说："不是我嚣张，是因为你们公司实在太不讲诚信。说好的 4000 元底薪，结果突然变成了 2000 元，而且还说不出任何的理由。你们这种公司怪不得永远只能发展到这么小，怪不得平时没有业务！"

老板说："你这种员工不要也罢，居然敢在试用期当面指责老板，真是闻所未闻。我看你是已经做好走人的准备了，那你现在可以走了，我们公司不需要你这种员工！"

旁边同事听到我们争吵，都过来劝我冷静。当时真觉得摊上这种不诚信的公司和老板，真是不走运，不想再纠缠。因为当时也没有签订劳动合同，第二天我就提交了辞职申请。现在所在这家企业发展还是很好的，我也很喜欢现在的公司，希望自己以后在工作的道路上能越走越好吧。

A：好的，祝福你。

2.3.2.3 访谈分析

图 2 - 2 显示了无礼行为的螺旋升级过程。受访者感知自己不被公司尊重，公司的经营有诚信问题，因心情不好被老板察觉，遂与老板在办公室面谈，在受访者阐述自己的疑惑后老板一直强调是受访者听错了，受访者认为老板在狡辩，火气上来后开始怒吼老板"我看就是你们公司不想讲诚信，利

用我们这些试用期的员工来为你们多做事"，并出现"你这种老板说话这么没素质，亏你还能当上老板，也难怪，这么小的公司老板，估计也当不了多久了""你们这种公司怪不得永远只能发展到这么小，怪不得平时没有业务"等侮辱、诅咒性的言语。老板不能接受其质疑，认为是员工自己太蠢了，两者各执一词，老板便说出"你这种员工不要也罢""那你可以走了，我们公司不需要你这种员工"。同事听到争吵后，过来劝解，使得矛盾终止升级。受访者对公司不诚信行为很失望，第二天辞职离开。

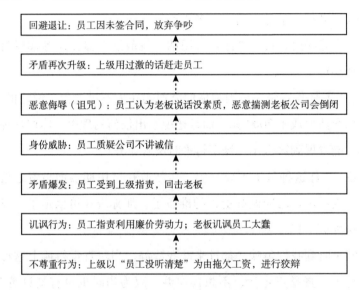

图2-2 螺旋升级过程（事件二）

2.3.3 访谈事件三

2.3.3.1 访谈背景介绍

受访者毕业后就职于一家母婴公司销售岗位，工作年限为两年。最初应聘人事管理岗位，但公司让其先去做销售岗位，并承诺受访者在工作一个月或者是两个星期后可以转岗人事管理。同时公司给出的待遇也由应聘时的2500~3000元变成了1500~1700元，虽然与招聘时存在很大差异，但是自己比较认同公司文化。受访者认为还可以接受，遂入职做销售，业绩良好，但在工作了一个月后，公司却始终没有将其转岗到人事部门。在感觉到公司没有让自己转岗晋升的意愿后，有如下对话。

2.3.3.2 访谈内容

（A：采访者 B：受访者）

A：您能详细地描述一下你们当时对话的过程吗？

B：你好，具体对话大概是这样的。我几次向人事部门提出转岗，都无果，我那天趁领导在办公室向他提出这件事情。

具体对话如下：

"老板，您好，我是那个门店的销售，在招聘会上贵公司一个月工资是2500~3000元，但来贵公司面试的时候，却告诉我底薪是1500~1700元，当时我确实心里是有点失望，因为在招聘会上确实有被公司待遇所吸引。但是因为过来感觉到了企业文化不错，包括公司的人事经理服务态度特别好，并且当时人事部经理是说我在销售部，只要干满一个月就把我提拔到上级部门，可以提到我求职意向的人事部门。后来，我没想到工作了一个多月，还是在线下的销售门店做销售。其实我是不想干销售的，我是想做人事管理。我想问问您当初的那个承诺满一个月会让我转岗到人事，您是怎么安排呢？"

"你好，我知道你这个月确实挺辛苦的，但是公司现在运行以及发展的需要，欠缺销售部门人才，所以还是希望你能够继续待在销售部门。"

"其实我觉得员工在哪个部门工作，应该要遵循员工最初的意愿，特别是您当时确实许诺，包括在招聘会上的工资与实际工资上有较大差距，以及你们答应调到人事部管理，所以我就觉得贵公司在诚信这方面是不是存在一点问题。"

"我不是这样认为，我觉得员工就应该要服从公司的任何安排，你拿了公司给你的薪水，那你就应该要做你应该做的事情，你应该是无条件的服从，而不是一再的推诿，就应该要遵循集体利益，再说公司又没有让你做伤天害理的事情，只是让你在工作范围内做一些事情，你有必要这么斤斤计较吗？"

"老板，你说我斤斤计较，但我认为这不是我斤斤计较的问题，而是贵公司诚信的问题。你说的每个员工要服从公司的安排，但是员工也有自己的想法，不能无条件地服从公司安排，所以老板我觉得你在这个方面是不是理解有点偏见。"

"你说我有偏见，还说我们公司诚信有问题，既然你这么厉害，那你为什么还在打工，而不去当老板呢？"

"每个人都有一个起点，而且都是从零开始的，而我现在就在寻找那一个可以让我成长和学习的公司，但是我发现贵公司并不是我要找的那种公司。"

"我觉得你这么厉害，也不需要我们公司的栽培，你一个人就可以成长，这样吧，我给你讲明了，你还需要在销售部门继续干，因为我们现在销售部门就是缺人，暂时还不能调过去。"

"那你既然是这样的话，我可能只能提交辞职申请了。"

"那你随意，反正我们公司多一个不多，少一个不少，你的存在感也就那么点儿，我们公司也不缺你这一个员工。况且说我们公司没诚信，我真是看不过去了。"

然后我就把门一摔，当时我听到总经理骂了一句，于是第二天我就提交了辞职申请。

2.3.3.3　访谈分析

图2－3介绍了该事件的螺旋升级过程。受访者在向老板阐述实际情况和自己想法时，上司认为员工在公司就应该要服从公司的任何安排，受访者不该如此斤斤计较。受访者对此进行反驳，并质疑公司诚信问题。上司不能接受下属对公司的质疑，随即冒出"你说我有偏见，还说我们公司诚信有问

题，既然你这么厉害，那你为什么还在打工，而不去当老板呢?""那你随意，反正我们公司多一个不多，少一个不少，你的存在感也就那么点儿，我们公司也不缺你这一个员工"等言语。虽然受访者与老板之间没有发生更高强度的暴力行为，但到了无法调和的情况，遂受访者递交辞职申请终止纠纷。

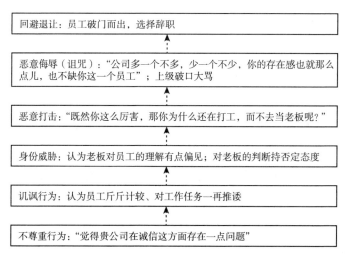

图2-3 螺旋升级过程（事件三）

2.3.4 访谈事件四

2.3.4.1 访谈背景介绍

受访者在一家餐饮公司任职值班经理，最开始还有工作干劲儿，但长期之后渐有不满。一是在福利方面，认为公司的福利制度没有任何激励作用；二是节假日没有补助和相应的待遇，节假日都要上班；三是公司不包吃住，工资太低；四是老板总是会布置很多的烦琐的事情让人感到非常的厌倦和疲劳，违背了自己想要一份理想工作的意愿，因此让自己很烦并对老板也有一些负面的情绪；五是受访者和一个全职阿姨有过矛盾，受访者认为阿姨作为自己的下属却倚老卖老，不服从自己管理，两人就此产生争执。

2.3.4.2 访谈内容

（A：采访者　B：受访者）

A：您能详细地描述一下你们当时发生冲突的对话过程吗？

B：您好，具体对话大概是这样的。

具体对话如下：

我说："阿姨，你做完自己的事就去看看别的地方有什么需要帮忙。"

阿姨很无所谓地回道："我只要做好自己分内的事情，你不用管那么多。"

"阿姨，我只是觉得做完自己的事情，还可以大家互帮互助。"我继续解释。

"你为什么总那么多话呢，我自己也还有事情要忙。"阿姨不屑。

"你总是说你有其他事情要做，但是我并没有看到你有那么多的事情要做，你却一直用各种理由来搪塞和反驳我，其实你就是找借口。"

"找借口？你怎么知道我就没事，我说了我很忙，我没有心思去做你吩咐的事情。"她怒吼道。

我也怒了："你平时偷懒，只负责你那一台的工作，从来不会去主动帮别人。每天看你那么闲，做完自己的事情就在那里吃东西。"

"你个毛头小子，都可以当我儿子了，还指到我的头上来了。别以为你一个值班经理多了不起，还不就是个刚出社会的！"阿姨当时气急败坏。

我也火暴："阿姨，请你不要看不起我们，我们实习生怎么了？我刚来也能当上值班经理，你在这个餐饮业干了一两年不还是个端盘子的。"

阿姨气急了，嚷嚷着："你个没教养的东西……"骂了好久，作势就要扑上来打我。

我也气得要死："你这个老阿姨，就和泼妇骂街一样。"

我当时真想伸手一拳，被同事拦住了。后来她还在那里骂人，我就没理她了，过了十几分钟，经理就去找她谈话，因为念及她是老员工就没有开除她。当时觉得这件事情有些难释怀，在这件事情过去的第二个月我就提交辞职了。这个事情大概就是这样。

A：好的，非常谢谢您。

2.3.4.3　访谈分析

图2-4显示了事件四的矛盾螺旋升级过程。在矛盾冲突中，受访者让阿姨在做完自己的事情后可以看看其他需要帮忙的地方；阿姨却认为受访者多管闲事，回应"你为什么总那么多话呢"，并表示自己很忙，对受访者管理感到不屑。受访者认为阿姨这是在找借口搪塞和反驳自己，指责阿姨偷懒。阿姨气急败坏，开始讥讽受访者"你个毛头小子，都可以当我儿子了，还指我的头上来。别以为你一个值班经理多了不起，还不就是个刚出社会的"，受访者回击"我刚来也能当上值班经理，你在这个餐饮业干了好些年，不还是个端盘子的"。两者情绪升级，开始谩骂侮辱，如"你个没教养的东西……"后上级介入其中，与员工沟通并进行冷处理，受访者却认为上级没有实质性的惩罚，遂辞职离开。

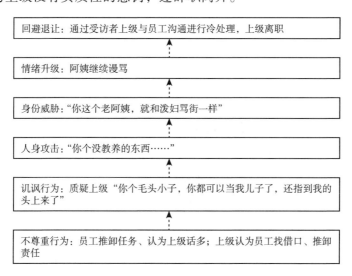

图2-4　螺旋升级过程（事件四）

2.3.5 访谈事件五

2.3.5.1 访谈背景介绍

受访者在原来公司是以综合部门储备负责人入职的，最初入职的时候挺有干劲儿的，想着要好好地做出一番成绩来，才不辜负领导的信任。当时该部门还有几个老员工，受访者刚开始工作也没有发现什么不对劲儿。但由于公司去年刚合并了一家公司，两边的员工都有，因此同事之间都有了小团体，而受访者是后来入职的，没有加入任何团体。因受访者的经理调任，所以受访者开始以综合部经理的身份履职。但受访者在工作时，发现部门有两个同事，经常不配合其工作，态度特别不耐烦，受访者对此猜测可能是由于受访者年龄比他们小，所以有点不服气，于是受访者就想着要更加努力证明自己。但每次开例会，该同事就一脸的瞧不起，对着受访者指指点点。而此次访谈就是基于此种背景下进行的。

2.3.5.2 访谈内容

（A：采访者　B：受访者）

A：您好，了解到您最近离职了，是在原来的公司发生了什么不愉快的事情吗？

B：是有一点，主要是那个氛围让我觉得很受不了。

A：您能仔细跟我说说吗？

B：可以。有一次，公司要在系统里面上报一些信息，我之前也没接触过，就想问一下另外的同事，当时我去诚恳地询问。

她极不耐烦地说："就那样，我发给你。"

可能我领悟力不太高，有些地方我没看懂，我就跟她说："这里你能再说一下吗？"

她当时就直接开始吼我了，说："你烦不烦啊，自己不会看啊，问什么问，我没空好吧，自己想去。"

我当时就惊讶了，我又没有做什么，为什么老是看我不顺眼，我也不想多说什么，就走了。最过分的是另一次，因为领导出去办什么事，开会都会叫上我，有一次做一件事情，领导问我进度怎么样了，我就打电话问另外一个同事，那个同事可能因为这件事被领导批评了，态度很不好地说："问什么？是你在领导面前告状的吧，两面三刀，谁知道你在领导那里说了我们多少坏话，好处都是你一个人的。"

我当时有点生气了，我跟她说："××，一起共事这么久，你应该知道我是什么样的人，我不会做这样的事，你要是不相信，我也不想过多解释，如果你有什么问题，可以直接去问领导，看我有没有说这些话。"

她回我说："如果问领导，他肯定站你那边的，谁不知道你是××领导的亲戚，走后门进来的，有什么了不起的。"

当时我就愤怒了，就说："我是自己拼实力进来的，你凭什么说我走后门，我是经过总部的面试，之前我都不认识领导，你不要血口喷人，原来你们一直觉得我是走后门进来的，所以不待见我是吧，你们也不要太过分了，有些事做得太过了会遭报应的。"

她回我说："你也好不到哪里去，彼此彼此。"

后来，我也不想跟她说太多，直接就把电话挂了，但是在这之后，我明显感觉到他们对我的态度越来越差了，场面话都不应付了，所以导致有些工作也很难开展。之后我就跟领导提出了离职，刚开始领导都没批，但在我强烈要求下批准了我的离职，领导一直跟我做思想工作，但我觉得这样的环境对自己没有好处，也得不到好的提升，所以就离职了。

A：好的，谢谢您的分享，希望您的下一份工作能遇到一群善良的同事。

2.3.5.3 访谈分析

图 2-5 列出了事件五的螺旋升级过程。受访者在工作中多次感受到不尊重行为，如"询问问题不耐烦""就那样，我发给你""你烦不烦啊，自己不

会看啊，问什么问，我没空好吧，自己想去"。他作为领导在分配工作任务时，总是得不到回复。受访者打电话询问，反被下属侮辱："走后门进来的，有什么了不起的"。受访者则回应"你们也不要太过分了，有些事做得太过了会遭报应的"。因而彼此之间的矛盾升级，关系破裂。后来受访者明显感觉到下属对自己的态度越来越差了，都不用场面话应付了，有些工作也很难进行，也受不了这种氛围，最后选择辞职解决。

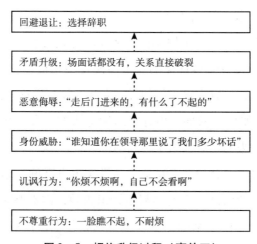

图 2-5　螺旋升级过程（事件五）

2.3.6　访谈事件六

2.3.6.1　访谈背景介绍

受访者先前就职于某公司的产品生产销售部门技师岗位，工作年限为 5 年。公司实行的是单休制度，而且经常要加班。受访者因为有朋友聚会，加之又完成了当天日常工作任务，预计可按时完成组织工作，因此以委托人代替工作为由向上级请求了请假，得到同意。

2.3.6.2　访谈内容

（A：采访者　B：受访者）

A：你好，我想请问一下你在平时的工作中有没有与同事或者上下级发生过矛盾，比如吵架或打架的事情呢？

B：与同事在工作中出现矛盾。

A：可以请你讲述整个过程吗？

B：那件事大概是发生在周五，周末我有一个很重要的同学聚会，所以就抓紧完成日常工作，加班提前做了一部分第二天的工作，剩下的委托一个同事帮我完成。然后我就和组长请假，组长同意了。结果我还在聚会的时候，我同事突然打个电话给我讲她遇到一些急事，已经和组长请假了，不能帮我完成剩下的工作，我表示剩下的工作可以在周一完成。于是我就打电话给组长说明情况，在电话中我们吵起来了。

A：那你当时是怎么和她交流的呢？你是和组长怎么吵起来的？

B：我当时在电话中拒绝了她，因为我已经在聚会了，不可能赶过去。既然你之前已经批准了我的请假，我也已经在外面聚会了，不可能现在赶过去吧。组长说："当时同意你请假那是因为你讲你可以完成任务，我才批的假，现在这个情况你肯定得回来工作（命令式语气）。"

我就解释道："我反正周一可以搞完，反正也不提前交货，肯定搞得完，我今天就不赶过去了。"

组长就不乐意："那不行，你今天必须要过来，如果每个员工都想请假，肯定完成不了工作任务。"我就有点不理解了，又不是那么急，我想可能是因为组长是有提成的（关系到组长自身利益），肯定是为了自己的提成。我之前拜托的那个同事也是同一组的，她也请假了，虽然工作任务是重，但肯定可以完成。我就讲"反正我今天来不了，你想办法吧"。

组长就说："主管增加每个组的组装任务，加班都不一定完成，你现在还请假，如果你不赶快回来，那就你别在我们这组（威胁式语气）。"

我也不一定要在那组，每次我们组长都会接好多任务，反正就分配给我们，只要我们完成她反正有提成，本来就不太赞同她这种做法，而且平时跟她关系也不太好，她是自己不怎么工作，却安排别人工作，还喜欢指责别人干不好，而且喜欢命令我们。一个组长了不起啊，反正我看不惯，我也忍不了。

我就和她吵起来了："你以为我很想待在这组，效益又低，你这组长也不晓得怎么当上去的，只知道接任务，还好意思让我们总是加班。"

组长就说："那个组的××效益那么高，一样是加班，没看别人有意见啊，一个任务都完不成，完成的工作又差"（否定、指责员工）。

我就讲："你有本事让他来这组，也不看人家想不想来，就你这样，谁愿意当你组员，也不看看你自己，你可以自己完成任务，我不想跟你争吵，反正我不会过来。"然后我把电话挂了，也不想和她吵。

A：这件事情后面如何发展了？

B：她主要是管理我们，自己没做什么，就喜欢指挥我们，后来我回公司就被主管叫我过去，原来她和老板说我没请假就旷工，我那个月的加班费和全勤奖都没了，她还和主管讲了我要换组，就让我换了个组。后来没过多久，我就辞职了。

A：那你现在的工作怎么样？

B：现在还不错。

A：好，非常感谢你的配合，本次采访到此结束，谢谢。

2.3.6.3 访谈分析

在本案例中，员工与上级发生吵架事件有以下几条诱因：员工以委托同事代理工作为由请假，上级认定请假生效，建立在这一基础上，形成双方的心理契约；上级自己又不怎么加班，却经常要求员工加班；员工经过请假批准，已经在参加聚会，且预计同事可以及时完成工作任务。员工本身就对公司的加班制度以及自己的直接上级存在一定的不满，因此已经存在一些隐患。在沟通中，员工用肯定的语气对上级陈述已经请假这个事实，上级感到员工有反抗自己命令的意愿，于是以强硬态度直接拒绝员工的想法；员工感受自己没有受到尊重，产生负面情绪，因此员工也用强硬的态度告知上级自己的决定，让上级觉得自己的身份受到了威胁；上级感知自己的地位与尊严受到挑战，因此用威胁的语气强制性命令员工；员工因此对上级身份进行侮辱与威胁，否定上级能力。上级因此采取报复性的行为，通过同事关系，使员工受到惩罚。员工作为弱势地位，不能够再进行反击，因此只能采取回避，最终由于各种因素导致其离职。

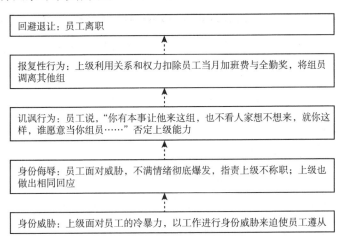

图 2 - 6　螺旋升级过程（事件六）

2.3.7　访谈事件七

2.3.7.1　访谈背景介绍

受访者先前就职于某公司的销售部门。某次家中有急事需请假，因当时业务较多，办公室内十分嘈杂，在与经理的请假过程中产生了信息传递失真、接受未果的情况，由此产生了矛盾。

2.3.7.2　访谈内容

（A：采访者　B：受访者）

A：您好，请问你在工作中有没有和同事或者上下级或者客户发生过什么矛盾，如吵架、打架这种类似的事情。

B：有发生过，在工作中发生的矛盾。

A：您能和我说说具体是什么事情吗？

B：好的，其实也不是什么大事。我在公司主要是销售产品的，然后有一天我家里有些急事必须要我回去一趟，我就和我们销售经理请假。但是当时可能是因为业务也比较多，办公室比较乱，因为我们公司销售部也有电话销售，然后可能有些吵，我就和我们销售经理请假，我以为他听见了，也同意了，之后我就走了，结果等我回公司的时候我们销售经理就说要以我没有请假然后擅离职守要开除我，当时我就很生气啊，就和他吵起来了，而且还和他打起来了。

A：啊？你们吵架这么严重啊，还打起来了？

B：那当然啊，他都说要开除我了，我能不生气吗？但后来知道确实是误会。

A：那如果好好说话，应该不会吵起来，你们是怎么吵起来的？他说了什么话或者你说了什么让你们吵起来的，甚至还打架了。

B：我就回到办公室就问："你凭什么开除我啊，我明明请假了。"

销售经理就说："我根本没有听到你请假，你没经过批准就擅自离开，那肯定违反了公司规定，绝对要开除处分的（命令式语气）。"

我本来就很生气了，因为我当时就是觉得我请了假，他故意刁难我，然后我就说："你看我不顺眼你就直说，你当时明明批了假，有必要说没批吗？（说出脏话）"

销售经理就用很大声地说："没批假就是旷工，旷工就是开除处分，那我随你怎么搞。"

反正就是要开除我，当是就在办公室里面，人也很多，他声音也特别大，几乎全部人都可以听到的，然后我当时也特别气了就挥拳头过去了，之后我们就打了起来。

A：然后呢？

B：然后我其他同事就拉着我，后来总经理就知道这件事了，就劝导我们，说可能办公室太吵了，双方没注意沟通，然后说我确实是因为家里有事，就没开除我了。但是他也讲了些不好听的话，也不相信我（上级不相信下级）是因为家里有事请假，还讲我那个月业绩不高什么的，就想着要开除我。反正当时让我感觉很不爽，导致自己十分冲动，但后来没事了。

A：那你现在还在那里上班吗？

B：我还在那里上班啊。

A：那这次的事件有没有让你和你的经理产生隔阂。

B：刚开始几天有些不搭理对方，后来就好了，都没放在心上了。

A：好的，谢谢你的配合。

2.3.7.3 访谈分析

事件七的矛盾升级过程如图 2 - 7 所示。此次事件发生的原因是员工以为自己与经理请过假了，结果经理由于没有听到员工请假而认为员工是没有经过批准擅自离开职位，违反公司规定，因此想要开除员工。其中有一些个人因素，例如员工当月的销售业绩不高，上级对员工就存在了一些不满。沟通中，员工回到公司就听说经理要开除他，就非常生气地质问经理："你凭什么开除我，我明明请假了"，让上级感知到员工对其身份不尊重，正好上级原本就对员工请假这件事情存在误会，认为下级在挑战自己的权威，员工还说"你这是故意为难我吧"。因此上级用命令语气"我根本没有听到你请假，你没经过批准就擅自离开，那肯定违反了公司规定，绝对要开除处分的"。于是有下级"你看我不顺眼你就直说，你当时明明批了假，×××（脏话）有必要讲没批吗"的辱骂性言语，接着上级直接利用权力强制性做出决定："没批假就是旷工，旷工就要受到开除处分，那我随你怎么搞。"上级的强制性行为直接激发了员工的消极情绪，员工在公众场合被批评，感知到强制行为且处于不利定位，感到丢脸，因此产生报复心理，进行身体攻击的威胁来平衡自己的不满心理；在矛盾不断升级的情况下，其他员工以及总经理作为中间人，及时制止了这件事情的继续恶化，并通过沟通，化解了双方的误会与矛盾。

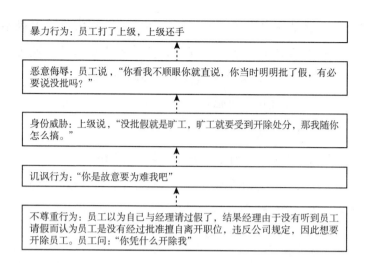

图 2-7 螺旋升级过程（事件七）

2.3.8 访谈事件八

2.3.8.1 访谈背景介绍

受访者是一家教育培训公司的托管老师，具有较强的业务能力和工作经验。去年11月，他被提拔成了托管校区的校长，也就是部门负责人。由于脾气比较大，学校担心受访者对学生造成一定的心理阴影，因此学校把受访者降职为原来的普通托管老师。同时将另一位老师升为部门负责人，受访者认为她不具备创新能力及各方面管理能力。因此内心难以释怀，对其管理很不服气，产生这次矛盾。

2.3.8.2 访谈内容

（A：采访者　B：受访者）

A：您好，请您跟我讲一下您的工作冲突事件。

B：你好，我之前在一家教育培训公司工作，是一名托管老师。我是一个很会销售的人，我在公司托管学生的签单是我们托管部门最多的。学生和家长们也愿意到我这里来报名，因为我对学生一直都是很负责的。我们公司托管老师的上班时间是上午11点到晚上8点，但是我每天的工作时间几乎是上午9点就来到了公司，每天晚上8~9点才下班。我平时会经常看书，丰富自己的知识，对待自己的职业和学生都是非常的负责，正因为如此，去年11月，我被提拔成了托管校区的校长，也就是部门负责人。好景不长，我也知道我自己的缺点就是我的脾气很大，对学生、同事、老师都会发脾气。在今年1月，学校担心我对学生造成一定的心理阴影，因此我们学校把我降职到了原来的普通托管老师。把一位我们校区的托管老师，我认为是一个很老实很平淡没有什么创新的老师，作为部门负责人，这一点让我很不服气。因为我签单最厉害，我们班的学生最多，所以我们班出问题比较多。我们有一次因为工作原因发生争吵。

A：您能具体描述一下吗？

B：是这样的。我因为少收了一个学生200元。开始这个问题没有发现，后来财务对账的时候发现我少收了200元，然后我们这个新校长就找到我，对着我一顿乱骂。说："小唐，你怎么做事这么不细心，两个月前收费的时候你少收了这个同学200元。你怎么连一点账都算不清！"

我就回了她一句："我少收了200元，你只知道对着我一顿乱骂，事情过去这么久了，你自己也有责任吧。"

她说："我有什么责任，你收的钱啊！"

我说："现在你就想逃脱干系了是吧？两个月之前，你这个校长有没有收错钱，你肯定当时就会核对出来呀。你当时不指出来，现在又让我找家长去要钱？呵呵，这像个做领导的样子吗？"

她愤怒地大吼说："这是你们班的学生呀，又不是我班的学生。你别仗着自己曾是校长，现如今在这里为所欲为，不管你以前多么风光，你现在还是我的下属！"

我说："你能不能声音小点，办公室还有其他同事。你这声音就像喇叭一样。"

她说："我就这样子讲话，你要怎么搞？我像喇叭。那你像什么？你的声音像苍蝇。"

我也不示弱："你看你现在讲话的这副嘴脸，简直就跟×××（侮辱性比喻）一样。"

她本打算走，又返回道："你说什么?"

我说道："我说你这嘴脸像极了×××!"

她拿起手中的试卷就要打我，当时正好被其他同事制止了。我想不然我们应该会打起来吧。

这件事情大概就是这样了。

A：好的，谢谢您能接受我的访谈。

2.3.8.3 访谈分析

事件八的螺旋升级过程如图2-8所示。受访者本是被提拔成了托管校区的校长，也就是部门负责人。由于脾气比较大，学校把受访者降职到了原来

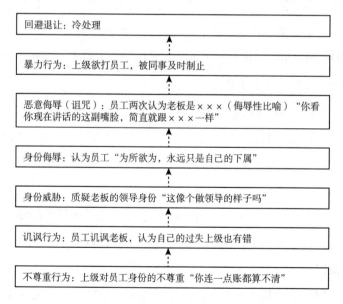

图2-8 螺旋升级过程（事件八）

的普通托管教师。本就存在一些负面情绪，加之对现任领导不够认可，因学生收费的小问题出现矛盾。上级发现问题后，用"你连一点账都算不清"批评受访者，让受访者感知到不尊重，再以"你也有责任""呵呵，这像个做领导的样子吗"回击上级，让上级感知到身份威胁。从而引发上级"你别仗着自己曾是校长，现如今在这里为所欲为，不管你以前多么风光，你现在还是我的下属！"刺激受访者，让其感受到身份侮辱，于是"你的声音像苍蝇""你看你现在讲话的这副嘴脸，简直就跟×××一样""我说，你这嘴脸像极了×××"侮辱性言语。上级当时愤然，想动手打下级，最终被同事制止。

2.3.9 访谈事件九

2.3.9.1 访谈背景介绍

受访者因公司结构调整遂转任新部门经理一职，因新部门基础薄弱以及老上级的好意，受访者在就职时从原先部门借调了一名业绩比较差，但是各方面经验比较足的老员工 M。希望借此能让她摆脱业绩倒数的境遇，同时也帮助新部门的项目进度尽快提高，两者各有所需。在过去半年的时间里，M 在新部门里算是如鱼得水，连续完成了几个漂亮的案例，业绩上显著提高，算是摆脱了黑名单的待遇。但对于 M，客观地讲能力是有的，基础也还不错，就是比较爱激动，有时遇事一根筋，为了达到自己的目的，不计后果，没什么大局观。受访者因此与其产生了冲突，具体情况如下。

2.3.9.2 访谈内容

（A：采访者　B：受访者）

A：您好，您在工作中有和同事领导闹过矛盾吗？

B：有的，上周因为工作的事我和 M 发生了一次非常大的冲突。起因是一个案子，M 几天前做好后发给我审阅，客户是金融单位，对材料审查相对比较严格详细，之前已经有类似的案子发给企业因为内容太简单，因而被企业驳回了。

我对 M 说："你的案子做得太简单，这样发给企业会被骂的，你再改改，详细丰富点。"M 说她能做到的就这么多，没有再多的内容可做了，我将需要的明确的要点给 M 讲了，要求她回去再改。事件就此告一段落，平静了几天。

几天后，M 又来找我，质问我她做的案子为何不推送给企业，我问她是否按照我的要求加以完善和更改，M 则一再强调她能做到的就只有这么多，无法再丰富了。我将之前需要明确的节点向 M 强调，问她客户强调这些内容到底能否做好？就这样在争论中，M 情绪激动，在大厅向我怒吼（我们是一个很宽敞的办公室，有很多其他部门的员工，大家齐刷刷地看着我们，作为部门经理的我自然面子上挂不住），我冷静了一下，不再与 M 多说什么，我去找到我的老领导，有关事情想与他沟通一下。这时 M 更加激动，冲到我领导的办公室冲我一顿争吵。事件就此进一步升级。

事件后续，我的领导将 M 带到会议室中单独沟通，M 认为她没有错，认为她这段时间做得很好，业绩也不错，虽然口头上承认案子做的不全，但是同时指责我对她态度不好，我对这种事也很无语，事情暂时就此平静，我和 M 在剩余的时间里不再说任何一句话。

第二天下午，M 上班的路上摔了一跤，请假，但这个事情我是最后才知道的，M 没有向我请假，而是向我的上级老领导请假了，由我的上级来转给我？至此我彻底愤怒，我觉得 M 不把我放在眼里，当时 M 来我这算是借调，现在既然撕破脸那就散了算了，我向老领导提出将 M 调回原部门，老领导劝我还是以大局为重，我想了想，暂时忍了下来，但是对于 M，我还是决定待时机成熟，再拾掇她！

A：以后要是遇到类似的事情您就会对 M 做出处罚吗？

B：是的，毕竟我也是她领导，无论如何，她都应该尊重我。

A：好的，谢谢您的分享！

2.3.9.3 访谈分析

事件九的矛盾升级过程如图 2 - 9 所示。受访者由于工作上的一个案子与员工 M 产生了冲突，在冲突的过程中 M 情绪激动，多次表现出"质问受访者她做的案子为何不推送给企业"、对受访者怒吼等不尊重受访者的行为，受访者不与 M 争吵，想通过其领导与 M 进行沟通，M 情绪进一步激化，冲到其领导的办公室与受访者一顿争吵，矛盾升级。后经领导沟通，事情暂时平静，但受访者认为 M 并无悔改，遂与 M 无交流。第二天下午，M 受伤请假，却越过受访者向老领导请假，受访者认为 M 这是不尊重自己，彻底愤怒，于是向老领导提出将 M 调回原部门，但被老领导劝解，受访者忍让，打算找时间处罚 M。

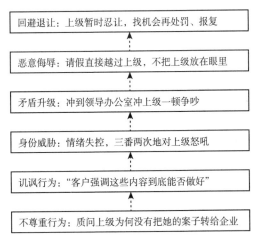

图 2 - 9　螺旋升级过程（事件九）

2.3.10　访谈事件十

2.3.10.1　访谈背景介绍

受访者之前就职于一家培训公司，工作前期给受访者的幸福感是非常充足的，但几个星期后，同事开始在背后和受访者讲老板的坏话，说老板不补贴公交费，并在一个同事的煽动下，受访者开始对公司有了一些看法，心生芥蒂。同时另一个同事抱怨公司不包吃还没有餐补，导致受访者对公司印象大打折扣，心生辞职的念头，但还是坚定自己的工作岗位，想认真学习和工作，摆脱同事们的影响。但在实习后期，受访者感觉公司开始让自己做教师工作之外的事情，如辅导小孩子作业、打扫卫生、擦桌子、倒垃圾等。受访者认为公司是先打一巴掌，再给一个甜枣，开始在工作中产生负面情绪，失去了对公司的忠诚度。其次受访者认为公司新换的主管在休息时间会发送与工作有关的信息让自己不能得到放松，而且对主管在年会上说的"你的薪水，永远是低于你的能力的"，受访者也十分不认同，公司员工集体在背后吐槽，受访者决定辞职，于是有了下列对话。

2.3.10.2　访谈内容

（A：采访者　B：受访者）

A：您这边还记得当时您决定辞职的时候，和公司的详细对话怎样？

B：大概这样子的。那天我自己一个人去了总经理的办公室。

具体对话如下：

我说："老板，你好。我决定辞职，请你通过我的辞职申请。"

因为当时提交完辞职申请是过完年的年初提交的。老板当时看着我问："能说说原因吗？"

"原因很多，你介意听吗？"

"OK，你说，我听听。"

"首先我对公司的薪水很不满意。公司没有车补、没有餐补，1000元的底薪，只包住，那这对于实习生来说，基本上一个月是人不敷出的状态，因此在这方面，我不太能够容忍的。"

"第二点就是主管每次在休假的时候，我都会看到主管不停地在我们微信群里面发布消息，比如这一周的工作安排，这一周的工作总结，表扬某某同志的一个工作的状态，或者我们公司今后需要大家哪些地方做得更好。也就是发布种种与工作有关的信息，让我觉得神经没有得到放松，还是处在了一个上班、加班的状态，因此这一点让我很不能够容忍。"

"还有就是您公司年会上说了一句话，您说员工的能力是永远低于薪水，我是不赞成的，我觉得能力和薪水应该是同等的。每个人的观点可能不一样，这是目前在公司里面，我不太能够理解的三个地方，也是不太能够容忍的三个地方。"

"OK，我回答你。其一，你说没有车补、没有餐补，我告诉你，因为我们校区都离得很近，你是完全可以走路去的，所以才会没有这些补贴。其二，我们新主管会在群里发布信息，是为了鼓舞大家的士气，鼓舞大家能够更好地投入工作当中，这是他工作负责的一种表现。其三，我在年会上说的话，我现在还是赞成自己所说的。"

"总经理我不想跟你开辩论赛，这是我自己的三个看法。请你同意我的辞职。"

"你放心，我会同意的。你这种员工不就是想拿完年终奖就走人吗？这种员工，我见得多了。"

"你以为每个员工都是你所想的那么肤浅吗？"

"难道不是吗？你一个实习生才工作了多久，你就跳槽。顶多也就三个月吧。"

"我辞职是我的事情，你同意即可。你这种老板只顾自己的利益而不顾员工的利益。只关注自己赚钱而不让员工获得相应的收入，你又怎么能够让员工来信服你。"

"你这么厉害，你去当老板啊。说来说去就是一个××实习生（侮辱性比喻）。"

"呵，××实习生？你说我是××实习生，那你这老板是什么呢？你是×吗？"

"给老子滚……（侮辱、诅咒语）"

"你走吧，别再出现在我们公司。"

"我不会再来的!"

B：当时对话大概是这样的，我记得当时我们吵了一次。

A：好的，非常谢谢您。

2.3.10.3 访谈分析

事件十的矛盾螺旋升级过程如图 2 - 10 所示。受访者辞职是由多方面的原因造成的，但在受访者向老板阐述时，老板却认为这些都是不成立的，认为"你这种员工不就是想拿完年终奖就走人吗？这种员工，我见得多了。"受访者认为这是对自己的讥讽和不尊重，遂反驳老板"你以为每个员工都是你所想的那么肤浅吗"，老板不能接受受访者的质疑，遂对员工进行侮辱、诅咒，受访者也不甘示弱，最后受访者表示辞职。

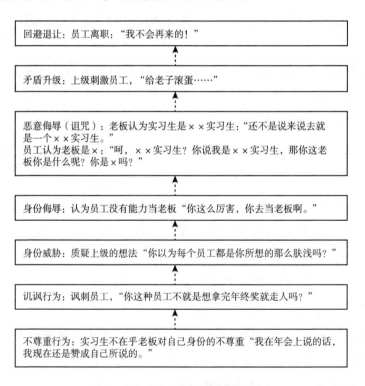

图 2-10　螺旋升级过程（事件十）

2.3.11 访谈事件十一

2.3.11.1 访谈背景介绍

受访者就职于某物业公司，任保安队长一职，从事该行业 16 年。受访者担任队长 2 年多时间，人员流动性较强，并且人员年龄跨度较大，管理工作难度较大，尤其是经常需要安排值班。此次事件正是源于受访者安排值班，由于当时有两名保安请假，所以会出现其他保安的晚上值班较多。其中有一名年轻的保安与受访者就此事产生争吵。

2.3.11.2 访谈内容

（A：采访者　B：受访者）

A：您好，请问您在工作中与同事是否发生过冲突呢？

B：曾经有过类似情况，事情大概这样子的。

具体对话如下：

我说："大家注意，集会后都去看看最新的晚班排班表。"

因为最近临时有两名保安请假，所以我对排班表进行调整。正当我准备去食堂吃午饭时，我们队小周迎面向我走来，脸上有点儿不高兴的样子。

他问道："老黄，你是不是排班表搞错了啊？"

我感到有些奇怪，明明是最新调整的，便回答："没问题啊。"

小周继续说："你确定没问题？我看你这排班有点离谱。"

我当时就有点不爽，这小毛头还敢质疑我，便不耐烦地说："小周，你想说什么呢？"

"不是我说你，我上周都已经值三天夜班了。你这周还给我安排两天夜班，是什么意思嘛？"他继续说。

"小周，咱们现在队里老李辞职，正好这周小何和小张又有事请假，人手紧缺，所以我们大家最近都得辛苦一点。"

"我还不知道，你跟小张关系好，平时给他安排活儿少，还是些轻活儿，而且你这边经常给他批假。"

"小周，我平时都是公平公正安排工作，你今天得把话跟我说清楚。"

"你当领导的，还用我说这么明白。这还用我说，你这当队长的，小张没少给你送礼吧，大家都看在眼里。"

"小周，你不要污蔑人，我一向行得正。你要真不想干，就走人！"

"呦，你还想赶我走，那我今天就不客气了！"小周当时怒气冲冲地，正想向我挥拳头，被旁边的其他保安拦下了。当时我也是被他气疯了，真想跟他干一架。后来，我们后勤部领导找我、小周及其他同事了解情况，领导希望小周以后能规范言行，他可能觉得也待不下去了，没多久就离职了。

B：当时大概就是这样的情况。

A：好的，非常谢谢您。

2.3.11.3　访谈分析

事件十一的矛盾螺旋升级过程如图 2-11 所示。受访者与下级矛盾发生前，下级对受访者有些误会，并且存在累积负面情绪。受访者之前从未与下级有过相应沟通，在两人谈论值班安排时，受访者感知到小周情绪异常，并对自己存在不尊重行为，如"你确定没问题？我看你这排班有点离谱""你这周还给我安排两天夜班，是什么意思"。在受访者向下级解释后，下级并没有接受，反而出现"我还不知道呀，你跟小张关系好，平时给他安排活儿少，还是些轻活儿，而且你这边经常给他批假"这类讥讽言语。受访者此时情绪被激发，要求下级针对自己言论给出合理解释。下级说"你当领导的，还用我说这么明白"，让受访者感受的领导身份受到威胁，还恶意侮辱上级收受礼品，致使上级说出"你要真不想干，就走人"的强制性言语，下级也不甘示弱。在这不断升级的事件中，双方都以更高强度的行为回应对方，险些引发暴力行为。

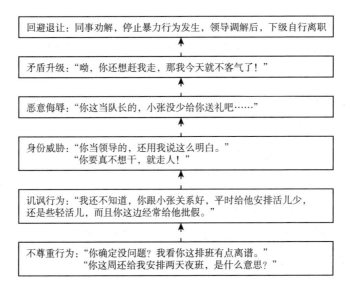

图 2-11　螺旋升级过程（事件十一）

2.3.12　访谈事件十二

2.3.12.1　访谈事件背景介绍

受访者在一家公司担任程序员，该事件是他的一位同事与其上级发生的矛盾，该同事经常对受访者讲一些领导的坏话，主要因为长期以来，工资得不到较大的涨幅，该同事与上级吵了一架，但工资问题依旧没有得到解决，于是该员工在工作过程中经常散播领导的负面信息，上级因此想要开除该员工，便有了以下对话内容。

2.3.12.2　访谈内容

（A：采访者　B：受访者）

A：您能具体地描述一下当时的情况吗？

B：之前我听领导说好像想要开除他。他们当时好像是在办公室吵了一顿。我也是佩服他，他还没有离开公司就敢跟领导吵。当时他说："凭什么别人的工资比我高。"

然后领导就说："这都是看自己的个人能力来的，不是我不给你加工资，你的能力还是差点。"

我那个同事就很生气地说："那我看他们也就那样，不是你看我不顺眼故意不给我加吧？"

从领导的角度来说更加希望他能够理解工资与能力挂钩，觉得他能力还应当有所提升。从他的角度来说他就觉得自己工资涨幅很小，而其他员工工资都比他高，是因为上级对他差别对待，然后他也很不服就对着干。他可能就觉得其他同事也就那样，并没有比他干得好，觉得很不公平，但是他也没办法改变领导的想法。于是他经常就在我们面前说领导的坏话。

领导也忍耐了他很久，可能也有人告诉领导，所以领导想要开除他。他也忍受不了工资太低，想要辞职。

2.3.12.3 访谈分析

事件十二的矛盾螺旋升级过程如图 2 - 12 所示。在本案例中，主要是由于下级无礼行为导致的矛盾升级过程，受访者的同事由于其个人原因导致工资上涨幅度较小，但未能及时意识到是自己的原因却对上级产生意见，而上级鉴于其工作能力没有达到要求，也对其有意见，双方在沟通的过程中，发生争吵，首先是同事对上级的不尊重行为，上级试图向同事说明原因，但同事依旧不理解，质疑领导，领导隐忍不再与其做争辩，但之后的工作时间里，该同事不断地向其他同事散播领导不好的谣言，领导表面上不再与其进行争执，但已有开除员工的想法，而员工认为工资得不到提高，对工作积极性也降低了，因此也产生了离职的想法。矛盾并未解决，依旧持续。

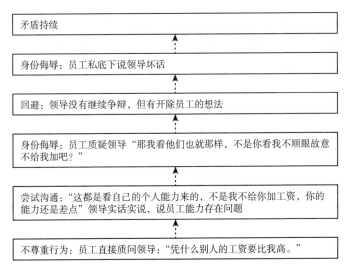

图 2 - 12　螺旋升级过程（事件十二）

2.3.13　访谈事件十三

2.3.13.1　访谈背景介绍

受访者在一家房地产公司做销售，在公司工作时，受访者的上级经常将一些难做的工作交给受访者做，给被访者一种强人所难的感觉，且如果受访者没有将这件难以做好的工作按规定弄好时，上级还会指责员工。受访者在工作中隐忍了很久，在一次销售任务中，有一个订单难以谈成，而上级明知该任务的困难，还是坚持让受访者去做，并承诺没有谈成功也会给予相应费用的报销。但是当得知订单没谈成时上级未能遵守约定，不愿意给报销单签字，不给批报销并且责备受访者，因此受访者与其发生了争执，矛盾激化，受访者作为弱势方，最终选择了离职。因此有了以下访谈内容。

2.3.13.2　访谈内容

（A：采访者　B：受访者）

A：您能详细地回忆一下这件事情的具体过程吗？

B：当时他不给批报销单，我就很生气："您之前好像是说不管这个订单能不能完成都会给我报销的。"

他就反驳我说："我没那样讲，如果这没谈成订单都给报销，那成本会有多大。"

当时他明明已经答应，现在却出尔反尔。我就说："你当时是说这个单可以报，现在没成又不给报，你这不是故意为难我吗？"

"你们没完成任务就该承担责任，况且谈不成，肯定有部分原因是你能力有问题，既然觉得单子难谈，就不知道想办法谈吗？我给你这个单是信任你，你没完成任务，我对你也是太失望了。"

"你其实也知道那个单难得谈，我还是去做了，但是你现在这样让人怎么想？你不应该也为我考虑一下吗？"

主管反正就一直不肯批，还说："我是不会批，你好好想想你工作中的不足，不要推卸责任，我也不和你争，你自己想想吧。"

当时我是生气，但是办公室还有其他同事在，我就忍住了。我觉得他没有为下级考虑，只顾着自己的利益，而且这种事不是一两次了，如果跟主管关系不好，做什么事情都会受气。于是我就从这家公司辞职了。

2.3.13.3 访谈分析

事件十三的矛盾螺旋升级过程如图 2-13 所示。在本案例中，受访者的负面情绪是一点点的积累而来，上级只顾自己的利益，不为员工考虑，导致员工心生不满。不信任和不尊重员工，使员工感受到很大的压力，且在之后的工作过程中依旧不为员工考虑，强化了员工所能感知到的上级无礼行为所带来的负面效果，但员工处于弱势方，因此采取回避退让的方式，最终员工因为无法忍受上级无礼行为造成的负面影响，选择了辞职。

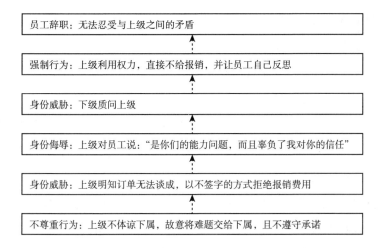

图 2-13 螺旋升级过程（事件十三）

2.3.14 访谈事件十四

2.3.14.1 访谈背景介绍

受访者在一家公司担任业务员，该事件是上下级之间的矛盾，因领导没有兑现对自己承诺的奖金，下级对领导产生不满的情绪。受访者尝试与领导沟通，认为自己已经完成了相应任务，应该可以得到那笔承诺的奖金。领导一直没有给出明确回应，于是就有了以下的对话内容。

2.3.14.2 访谈内容

（A：采访者 B：受访者）

A：您能具体地描述一下当时的情况吗？

B：之前我几次去主管办公室谈关于项目奖金的事情，每次领导都是敷衍我，没有正面回应我，所以我肯定很不满，跟我们同事经常抱怨。正好我们那个时候是正值人力资源部考评主管工作，我就把对主管的一些意见汇报给人力资源部的领导。第二天，我们召开部门会议，结束后他让我单独留下来。

我们主管情绪跟往常有点不一样，对我说"小李，你在工作中有什么想法可以直接沟通，不必要非得要向别的部门汇报那么麻烦。"

我当时就察觉到他知道昨天的事儿，但是我心里还是觉得有些不满，说："杨总，我之前有跟您沟通过关于我们项目奖金的事，不知道您考虑得怎么样？"

我们领导就说："这个事情我也跟上级汇报了，公司有相应的一些制度正在进行完善，公司自会给员工公平的待遇。你还是应该把心思都放在工作上，目光长远一点。"

我就很生气地说："我之前已经找过您那么多次，您是有意敷衍我吧？现在您又说我心思都在奖金上，是看我不顺眼故意不给我发吧。"

领导当时觉得有点愤怒："我都跟你说过很多次了，这个奖金的事情也不是我一个人能决定的。你每次这样问就没意思了。"

我就说："你作为领导不应该为我们下属争取应有的利益吗？要不然你还当什么领导！"

领导完全按捺不住了："就你这种情商还想拿奖金，恐怕能不能待下去都是个问题吧？"

我就说"难不成你还想辞退我？我碰上你这种无能的领导也是自认倒霉。"

当时领导气得直接把会议本一摔，正好同事进来就让我有话好好说，把我给劝走了。

2.3.14.3 访谈分析

事件十四的矛盾螺旋升级过程如图 2-14 所示。在本案例中，主要是由于上级没发放承诺的奖金，并且一直不予回应，导致下级积累负面情绪，在考评领导工作中下级提出了对领导的意见，引发上下级有矛盾升级，出现"您是有意敷衍我""要不然你还当什么领导""恐怕能不能待下去都是问题""碰上你这种无能的领导也是自认倒霉"的对话，引发领导摔会议本这种愤怒的行为，直至其他同事劝导才没引发更高强度的行为。

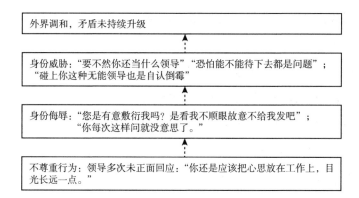

图 2-14　螺旋升级过程（事件十四）

2.3.15　访谈事件十五

2.3.15.1　访谈背景介绍

受访者在一家食品公司实习，实习单位以小组形式进行绩效考核，该受访者主要任务是组内一些基础工作，工作内容不固定、零散。因此受访者的组长认为受访者在组内没有产生实际效益，就以各种方式刁难受访者，长期以来受访者与组长之间积累了很多矛盾。双方在沟通上出现问题，因此发生了争吵，但是受访者考虑到自己不会长久待在公司，因此采取了回避态度，最终受访者辞职。

2.3.15.2　访谈内容

（A：采访者　B：受访者）

A：您能详细地描述一下当时的情况吗？

B：组长总是变着法子刁难我，有一天我坐在柜台玩手机，因为确实没什么事情做，而且当时是休息时间。结果他就指着我说："那个台面很脏，你去打扫一下。"

当时是休息时间，我就想着晚一点再打扫也没关系。结果组长却像神经病一样地骂我："你一个打杂的不做事，整天都干些什么？还给你发工资，要你有什么用。"

我知道他就是看我不顺眼，总是找我的碴儿，当时我觉得自己是实习生，在他那组还是归他管的，就没有和他对着干，就说了句："现在是休息时间我怎样随我，关你×事！"然后那个组长还骂了我很多不好听的话，我的理智阻止了我，当时真的很想打人，之后他一直在工作中找我麻烦，我一个实习生也不能对抗他。后来实在忍受不了，我就辞职了。

2.3.15.3 访谈分析

事件十五的矛盾螺旋升级过程如图 2 - 15 所示。在本案例中，受访者与组长产生矛盾的原因是组长认为受访者没有认真工作，没有带来实际效益，因此想方设法刁难受访者，受访者还是采取忍耐态度。但在休息时间要求受访者进行工作，且语气让受访者感觉自己不受尊重，并对受访者进行了身份侮辱，受访者与组长之间的矛盾加深了，出现侮辱性语言。但受访者想到自己并不会在这里长期工作，因此还是采取了回避态度，但上级无礼行为并没有因为员工的回避而结束，而是变本加厉找受访者的麻烦，最终受访者选择了辞职。

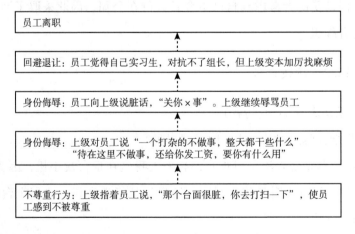

图 2 - 15　螺旋升级过程（事件十五）

2.4 上级无礼行为螺旋升级临界点行为条目初探

一般而言，构建行为模型的条目有两种方法，分别是演绎法和归纳法。演绎法一般指研究者通过对已有文献的整合对构念进行清晰定义，以便于研究人员确认测量条目所应该覆盖的范围，在此清晰的定义基础之上，研究者通过自己对构念的理解再发展新的量表条目或者对现有的量表条目进行改编，即量表条目基本上是根据研究者对构念的理解发展而来。归纳法一般指研究人员需要通过各种各样的方法尽可能多地搜集对于目标构念的描述，并且广泛地搜集与这些描述相符或者相关的例子，然后在此基础上对搜集的描述和例子进行深入的挑选、分析、分类，从而得到合适的量表。近年来《美国管理学会学报》（AMJ）上发表的新量表开发文献中大多数采取两者相结合的方法，这样既可以保证量表的内容效度，又可以使量表在实际应用时更加贴合情境。本研究在第 1 章中确定了关于上级无礼行为螺旋升级临界点相关构念，并在第 2 章采取个体访谈法，分析了工作场所冲突事件的螺旋升级过程，建构动态过程的上下级行为集。由于上级无礼行为螺旋升级临界点的研究成果甚少，研究将以访谈信息的整理与归纳为主展开研究。即针对访谈信息进行编码整理，以归纳信息并对上级无礼行为螺旋升级临界点行为的结构进行分类。

2.4.1 临界点及行为条目初探

研究团队对访谈和开放式问卷所得的材料进行整理、编码、归类和汇总，根据第 2.3 节对所有访谈事件进行整理、提炼，编写上级无礼行为螺旋升级临界点上级行为和下级行为的测量题项，分别形成 80 条、69 条语义较为明确的描述性语句。结合先前关于无礼行为螺旋升级文献与访谈事件的分析，我们认为上级临界点 1 是指下级行为引发上级产生恨意、打击报复或恶意污辱的意图或行为，包括三类行为：人际侵犯、工作侵犯、背后造谣。上级临界点 2 是指下级行为引发上级产生暴力行为的意图或行为，包括一类行为。下级临界点 1 是指上级行为引发下级产生恨意、打击报复或恶意污辱的意图或行为，包括三类行为：人际侵犯、工作侵犯、滥用职权。下级临界点 2 指上级行为引发下级产生暴力行为的意图或行为，包括一类行为。

2.4.2　表面效度和内容效度分析

（1）表面效度分析。邀请湖南商学院的人力资源管理专家和硕士生总共 14 人参与修订题项，评判条目的表面效度，使得条目简短易懂、语义明确。通过对条目进行修订、合并和删减，分别剩下 70 个、60 个题项。

（2）内容效度分析。请先前 20 名受访者钩选初步形成的行为模型中的可能题项，将频次较低的条目进行删除。此外，3 名管理学教授和 4 名管理学硕士生对内容效度进行分析，考察条目与主题的相关度、表述的清晰度、是否有重复，对量表的内容效度进行初步检验修改可能有跨维度效应的题项，分别剩下 52 个、62 个题项。其中上级临界点 1 行为的条目为 1 ~ 35 题，临界点 2 行为的条目为 36 ~ 52 题；下级临界点 1 行为条目为 1 ~ 44 题，临界点 2 行为条目为 45 ~ 62 题。

2.4.3　预测试

预测试采用网络问卷法进行，发放针对下级和上级形成的两份问卷，最终回收有效问卷分别为 360 份、280 份。问卷采用李克特 5 点法，1 ~ 5 分别表示完全不可能、不太可能、不确定、比较可能及非常可能。对预试的结果进行初步的探索性因素分析，其中所有条目的因子负荷在 0.40 以上，其中 4 个条目的交叉负荷较高，修改条目后得到以下初始行为模型，如表 2 - 3、表 2 - 4 所示。

表 2 – 3   52 个题项构成的上级无礼行为螺旋升级的上级临界点初始行为模型

题　　项	可能程度（从左至右依次增强）				
1. 下级不承认自己工作的失误	1	2	3	4	5
2. 下级推脱、拒绝困难工作	1	2	3	4	5
3. 下级经常在工作中表现拖沓、不积极	1	2	3	4	5
4. 下级不按与您约定的时间到达	1	2	3	4	5
5. 下级不按照要求完成工作任务	1	2	3	4	5
6. 下级背后捏造关于您的不实言论	1	2	3	4	5
7. 下级恶意猜疑您的意图或行为	1	2	3	4	5
8. 下级多次不听您的合理劝导	1	2	3	4	5
9. 下级无视您的发言，让您难堪	1	2	3	4	5
10. 下级无故不回应您的电话或邮件	1	2	3	4	5
11. 下级多次忽视您的命令	1	2	3	4	5
12. 下级经常试图破坏团队氛围，妨碍您对团队的管理	1	2	3	4	5
13. 下级背后议论您的私事，损坏您的名誉	1	2	3	4	5
14. 下级煽动同事不配合您的工作	1	2	3	4	5
15. 下级不请示您擅自决策	1	2	3	4	5
16. 下级经常公开质疑您的观点	1	2	3	4	5
17. 下级偷听您私密电话并告诉他人	1	2	3	4	5
18. 下级有意回避您	1	2	3	4	5
19. 下级挑拨您和同事的关系	1	2	3	4	5
20. 下级当众否定您的工作贡献	1	2	3	4	5
21. 下级公开质疑您的工作能力	1	2	3	4	5
22. 下级有意隐瞒一些对您有价值的信息	1	2	3	4	5
23. 下级有意不出席您组织的活动	1	2	3	4	5
24. 下级质疑您的决策	1	2	3	4	5
25. 下级不服从您的工作安排	1	2	3	4	5
26. 下级多次越级打您的小报告	1	2	3	4	5
27. 下级工作失误的责任推卸给您	1	2	3	4	5
28. 下级故意制造麻烦干扰您的工作	1	2	3	4	5

续表

题 项	可能程度（从左至右依次增强）				
29. 下级故意向您的平级同事说您的坏话	1	2	3	4	5
30. 下级扬言威胁您在公司的发展	1	2	3	4	5
31. 下级对您暴粗口	1	2	3	4	5
32. 下级在公司考评您工作时，故意说您坏话	1	2	3	4	5
33. 下级私自泄露您个人隐私	1	2	3	4	5
34. 下级污蔑是您造成的失误	1	2	3	4	5
35. 下级对您"阳奉阴违"	1	2	3	4	5
36. 下级对您拍桌子、大声呵斥	1	2	3	4	5
37. 下级多次违抗您的命令	1	2	3	4	5
38. 下级通过写海报等公开方式诋毁您的声誉	1	2	3	4	5
39. 下级对您说侮辱性言语，并作出攻击手势	1	2	3	4	5
40. 下级故意栽赃陷害您	1	2	3	4	5
41. 下级通过微信等公众平台传播针对您的不实言论	1	2	3	4	5
42. 下级当众拿您个人私事恶意羞辱您	1	2	3	4	5
43. 下级不接受您的解释并与您吵闹	1	2	3	4	5
44. 下级公开嘲笑您的生理缺陷，进行人身攻击	1	2	3	4	5
45. 下级怂恿同事当众嘲讽您	1	2	3	4	5
46. 下级携带危险物品（如刀具、易燃易爆品）威胁您	1	2	3	4	5
47. 下级公开与您争吵顶嘴	1	2	3	4	5
48. 下级诅咒您家庭关系破裂	1	2	3	4	5
49. 下级用言语污辱您的父母	1	2	3	4	5
50. 下级嘲讽您被抛弃的感情经历	1	2	3	4	5
51. 下级嘲讽您不光彩的工作经历	1	2	3	4	5
52. 公开或私下顶撞您	1	2	3	4	5

表2-4 62个题项构成的上级无礼行为螺旋升级的下级临界点初始行为模型

题 项	可能程度（从左至右依次增强）				
1. 上级很少夸您，经常挑您的工作毛病	1	2	3	4	5
2. 上级当众拿您与优秀同事对比	1	2	3	4	5

续表

题　　项	可能程度（从左至右依次增强）				
3. 上级有意贬低您	1	2	3	4	5
4. 上级擅自替您答应对您不利的事情	1	2	3	4	5
5. 上级不兑现对您承诺的奖励	1	2	3	4	5
6. 上级不给您批该批准的假	1	2	3	4	5
7. 上级未经您同意多次占有您的业绩和功劳	1	2	3	4	5
8. 上级不采纳您提出的合理建议	1	2	3	4	5
9. 上级不担责，将过错推卸给您	1	2	3	4	5
10. 上级经常指导工作思路不清，让您在工作时不知所措	1	2	3	4	5
11. 上级经常变换您的工作任务，对您造成困扰	1	2	3	4	5
12. 上级经常把个人的不良情绪迁怒于您	1	2	3	4	5
13. 上级有意不通知您参加应该参加的活动	1	2	3	4	5
14. 上级有意为难你，故意分配困难的工作任务给您	1	2	3	4	5
15. 上级拒绝给您提供合理的工作支持	1	2	3	4	5
16. 上级跟同事拉帮结派疏远您	1	2	3	4	5
17. 上级屡次要求您在非工作时间随喊随到，并且没有给予相应回报	1	2	3	4	5
18. 上级多次在背后议论损坏您名誉的私事	1	2	3	4	5
19. 上级经常无视您的发言，让您难堪	1	2	3	4	5
20. 上级随意进入办公室翻阅您的个人物品	1	2	3	4	5
21. 上级事先答应帮忙却有意拖延	1	2	3	4	5
22. 上级多次在工作场合故意回避您	1	2	3	4	5
23. 上级无理由让您重复完成同一项工作	1	2	3	4	5
24. 上级在公开场合指着鼻子批评您	1	2	3	4	5
25. 上级多次点名批评您所犯的错误	1	2	3	4	5
26. 上级污蔑是您造成的失误	1	2	3	4	5
27. 上级多次在公众场合指出您的缺点	1	2	3	4	5
28. 上级故意揭您的"伤疤"	1	2	3	4	5
29. 上级不给您分配好业务	1	2	3	4	5
30. 上级不批准您应该报销的费用	1	2	3	4	5
31. 上级不能公平公正地评价您的工作，导致您没得到应有的奖励	1	2	3	4	5

题　　项	可能程度（从左至右依次增强）				
32. 上级公开说您迟钝，质疑您的工作能力	1	2	3	4	5
33. 上级当众对您拍桌子、大声呵斥	1	2	3	4	5
34. 上级制造麻烦干扰您的工作	1	2	3	4	5
35. 上级威胁您的职业晋升	1	2	3	4	5
36. 上级指使其他同事做对您不利的事情	1	2	3	4	5
37. 上级同意您的请示，但事后找您麻烦	1	2	3	4	5
38. 上级利用职权对您进行性骚扰	1	2	3	4	5
39. 上级以不合理的方式惩罚您的工作失误	1	2	3	4	5
40. 上级经常当面挑拨您和同事的关系	1	2	3	4	5
41. 上级故意泄露您的个人隐私	1	2	3	4	5
42. 上级诅咒您在公司的发展	1	2	3	4	5
43. 上级回避您的利益请求	1	2	3	4	5
44. 上级让同事多次质疑您的工作能力	1	2	3	4	5
45. 上级偷听您私密电话并告诉他人	1	2	3	4	5
46. 上级以各种理由拖欠您的工资	1	2	3	4	5
47. 上级利用权力以辞退来威胁您	1	2	3	4	5
48. 上级嘲讽您被抛弃的感情经历	1	2	3	4	5
49. 上级嘲讽您不光彩的经历	1	2	3	4	5
50. 上级在公开场合对您暴粗口	1	2	3	4	5
51. 上级偏袒其他同事，让您无偿承担他人的工作	1	2	3	4	5
52. 上级对您说难听的话，并作出攻击的手势	1	2	3	4	5
53. 上级指使同事当众嘲讽您	1	2	3	4	5
54. 上级联合其他领导共同打压您	1	2	3	4	5
55. 上级不给您道歉和解释的机会，直接训斥您	1	2	3	4	5
56. 上级通过微信等公众平台传播对您的侮辱性谣言	1	2	3	4	5
57. 上级利用关系或借口逼您离职	1	2	3	4	5
58. 上级故意栽赃陷害您	1	2	3	4	5
59. 上级公开嘲笑您的生理缺陷，对您进行人身攻击	1	2	3	4	5
60. 上级多次找理由克扣您的工资	1	2	3	4	5
61. 上级诅咒您家庭关系破裂	1	2	3	4	5
62. 上级用言语污辱您的父母	1	2	3	4	5

第 3 章

上级无礼行为螺旋升级临界点
行为模型构建

本章通过探索性因子分析对初始行为模型中的条目进行筛选。探索性因子分析一般首先判断每个条目的适切性，然后根据样本的 KMO 值判定样本数据是否适合进行因子分析，如果判定合适，再进行因子分析以进一步筛选题项，得到合适的构念结构和维度，最后进行信度分析判断整个量表的可靠程度。一般来讲，量表开发都需要经过多次的探索性因子分析才能得到比较可靠的行为模型，而不能仅凭一两次因子分析的结果就判定是否合适。本研究进行探索性因子分析所采用的工具为 SPSS 21.0。

3.1 上级无礼行为螺旋升级临界点行为模型探索性因素分析

3.1.1 数据收集

本研究调查对象主要来自湖南、广东、江西三省，所处行业主要包括制造业、建筑业、金融业、计算机行业等。此外，在进行探索性因子分析时，根据先前研究建议，题项与受试者的比例最好为 1:5，若此比例为 1:10 时，则结果会更有稳定性。因此，剔除随意填写等问卷后，最终得到上级填写有效问卷 563 份、下级填写有效问卷 652 份。

上级无礼行为螺旋升级上级临界点行为模型的问卷样本结构中（如表 3 - 1 所示），男、女各占 52.2%、47.8%；其中 25 岁及以下占 13.8%，26～30 岁占 21.5%，31～35 岁占 20.2%，36～40 岁占 16.2%，41～45 岁占 10.7%，46～50 岁占 13.1%，50 岁以上占 4.4%；大专及以下、本科、硕士、博士分别占 28.1%、48.1%、17.2%、6.6%；基层管理者、中层管理者、高层管理者各占 58.6%、30.6%、10.8%；工作年限 1 年以下、1～5 年、6～10 年、11～15 年、15 年以上各占 6.0%、30.4%、27.0%、16.2%、20.4%；国企及事业单位、民营企业、中外合资企业、外商独资企业各占 30.6%、46.9%、12.8%、9.8%。

表 3 - 1　　　　上级无礼行为螺旋升级上级临界点行为模型的问卷样本结构

人口统计学变量	变量取值	人数	百分比（%）
性别	男	294	52.2
	女	269	47.8
年龄	25 岁及以下	78	13.8
	26～30 岁	121	21.5
	31～35 岁	114	20.2
	36～40 岁	91	16.2
	41～45 岁	60	10.7
	46～50 岁	74	13.1
	50 岁以上	25	4.4
学历	大专及以下	158	28.1
	本科	271	48.1
	硕士	97	17.2
	博士	37	6.6
职位	基层管理者	330	58.6
	中层管理者	172	30.6
	高层管理者	61	10.8

续表

人口统计学变量	变量取值	人数	百分比（%）
工作年限	1 年以下	34	6.0
	1～5 年	171	30.4
	6～10 年	152	27.0
	11～15 年	91	16.2
	15 年以上	115	20.4
单位性质	国企及事业单位	172	30.6
	民营企业	264	46.9
	中外合资企业	72	12.8
	外商独资企业	55	9.8

上级无礼行为螺旋升级下级临界点行为模型的问卷样本结构中（如表 3－2 所示），男、女各占 48.8%、51.2%；其中 25 岁及以下占 20.1%，26～30 岁占 26.5%，31～35 岁占 15.6%，36～40 岁占 12.0%，41～45 岁占 12.6%，46～50 岁占 8.1%，50 岁以上占 5.2%；大专及以下、本科、硕士、博士分别占 25.8%、46.2%、23.2%、4.9%；普通员工、基层管理者、中层管理者、高层管理者各占 62.0%、20.9%、13.0%、4.1%；工作年限 1 年以下、1～5 年、6～10 年、11～15 年、15 年以上各占 15.8%、30.2%、24.1%、19.8%、10.1%；国企及事业单位、民营企业、中外合资企业、外商独资企业各占 37.9%、49.4%、8.1%、4.6%。

表 3－2　　上级无礼行为螺旋升级的下级临界点行为模型的问卷样本结构

人口统计学变量	变量取值	人数	百分比（%）
性别	男	318	48.8
	女	334	51.2
年龄	25 岁及以下	131	20.1
	26～30 岁	173	26.5
	31～35 岁	102	15.6
	36～40 岁	78	12.0

人口统计学变量	变量取值	人数	百分比（%）
年龄	41~45岁	82	12.6
	46~50岁	53	8.1
	50岁以上	34	5.2
学历	大专及以下	168	25.8
	本科	301	46.2
	硕士	151	23.2
	博士	32	4.9
职位	普通员工	404	62.0
	基层管理者	136	20.9
	中层管理者	85	13.0
	高层管理者	27	4.1
工作年限	1年以下	103	15.8
	1~5年	197	30.2
	6~10年	157	24.1
	11~15年	129	19.8
	15年以上	66	10.1
单位性质	国企及事业单位	247	37.9
	民营企业	322	49.4
	中外合资企业	53	8.1
	外商独资企业	30	4.6

3.1.2 初步筛选

本研究主要根据同质性检验筛选条目。同质性指每个条目与量表总分的相关程度。如果每个条目与量表总分的相关系数大于 0.40（P<0.05），则表明该题项与整体量表的同质性高；如果每个条目与量表总分的相关系数小于 0.40（P<0.05），则表明该题项与量表整体的同质性不高，应该将该题项删除以提高量表整体的适切度。此外，每个条目删除后的信度系数都不能超过

量表整体信度系数，即应该小于或等于量表整体信度系数。根据该标准，经过对题项的同质性检验，研究发现每个条目与量表总分之间的关系均呈显著性相关并且二者之间的相关系数都大于 0.40（P < 0.05），上级临界点 1、临界点 2 和下级临界点 1、临界点 2 题项整体内部一致性 Cronbach's α 系数分别为 0.941、0.917、0.912、0.907，每个题项删除后的信度系数均小于其量表的内部一致性系数，不需要删除个别题项，初始量表的题项全部保留。

3.1.3 探索性因子分析

本研究分别对回收的两份数据样本（N = 563，N = 652）进行探索性因素分析。首先，对数据进行了 Bartlett 球形检验，上级临界点 1、上级临界点 2、下级临界点 1、下级临界点 2 样本检验值分别为 4450.339、4367.562、3651.970、3204.590（P < 0.05），表明各条目之间有共同因素的可能性。上级临界点 1、上级临界点 2、下级临界点 1、下级临界点 2 样本的 KMO 值分别为 0.918、0.909、0.936、0.927，说明样本数据符合进行因子分析的标准，适合进行因子分析。其次，对问卷的条目进行一阶因素分析。利用主成分抽取法提取特征值大于 1 的因子，并采用最大方差法进行旋转。结合碎石图，共抽取出 2 个因子。最后，根据因子载荷（loading）的大小对条目进行删除。本研究中，我们选用以 0.40 作为取舍条目的临界值（Kim & Stoner，2008）。在本研究中，经过多次因子分析，逐次删除因子载荷与交叉载荷较接近的条目，直到得到结构清晰的条目，最终保留表 3 - 3、表 3 - 4 的题项，每个因素的载荷在 0.5 以上，累积方差贡献率达到标准，说明因素结构较为理想。

表 3 - 3　　　　　　上级临界点 1 行为模型的因子结构及各条目因子载荷

条　　目	因子载荷		
	人际侵犯	工作关系冒犯	背后造谣
Q1 下级扬言威胁您在公司的发展	0.824		
Q2 下级多次越级打您的小报告	0.812		

续表

条　目	因子载荷		
	人际侵犯	工作关系冒犯	背后造谣
Q3 下级在公司考评您工作时，故意说您坏话	0.771		
Q4 下级对您暴粗口	0.704		
Q5 下级污蔑是您造成的失误	0.613		
Q6 下级多次不听您的合理劝导	0.842		
Q7 下级经常在工作中表现拖沓、不积极		0.822	
Q8 下级不按与您约定的时间到达		0.774	
Q9 下级不按照要求完成工作任务		0.736	
Q10 下级对您"阳奉阴违"		0.690	
Q11 下级挑拨您和同事的关系		0.668	
Q12 下级背后捏造关于您的不实言论			0.815
Q13 下级背后议论您的私事，损坏您的名誉			0.679
Q14 私自泄露您个人隐私			0.587
解释变异（累计方差 64.460%）	24.724	23.546	16.190

表 3 - 4　　　　　上级临界点 2 行为模型的因子结构及各条目因子载荷

条　目	因子载荷
Q1 下级当众拿您个人私事恶意羞辱您	0.872
Q2 下级公开嘲笑您的生理缺陷，进行人身攻击	0.868
Q3 下级通过微信等公众平台传播针对您的不实言论	0.862
Q4 下级对您说侮辱性言语，并作出攻击性手势	0.860
Q5 下级诅咒您家庭关系破裂	0.851
Q6 下级用言语污辱您的父母	0.840
Q7 下级故意栽赃陷害您	0.844
Q8 下级携带危险物品（如刀具、易燃易爆品）威胁您	0.826
Q9 下级多次违抗您的命令	0.761
解释变异（累计方差 73.724%）	

　　由表 3 - 3 所知，三个因素的解释变量为 64.460%（大于 50%），说明三因素模型是比较好的结构。因素一为人际侵犯，包括"下级污蔑是您造成的失误""下级多次越级打您的小报告""下级在公司考评您工作时，故意说您

坏话"等条目；因素二为工作关系冒犯，包括"下级挑拨您和同事的关系"
"下级不按照要求完成工作任务""下级经常在工作中表现拖沓、不积极"
"下级不按与您约定的时间到达"等条目；因素三为背后造谣，包括"下级
背后捏造关于您的不实言论""下级背后议论您的私事，损坏您的名誉"等
条目。

由表 3 - 4 所知，一个因素的解释变量为 73.724%（大于 50%），说明一
因素模型是比较好的结构，包括"下级当众拿您个人私事恶意羞辱您""下
级公开嘲笑您的生理缺陷，进行人身攻击""下级通过微信等公众平台传播
针对您的不实言论""下级公开或私下顶撞您""下级携带危险物品（如刀
具、易燃易爆品）威胁您""下级多次违抗您的命令"等条目。

由表 3 - 5 所知，三个因素的解释变量为 69.166%（大于 50%），说明三
因素模型是比较好的结构。因素一为人际侵犯，包括"上级经常当面挑拨您
和同事的关系""上级故意泄露您的个人隐私""上级诅咒您在公司的发展"
"上级多次背后议论损坏您名誉的私事"等条目；因素二为工作关系冒犯，
包括"上级指使其他同事做对您不利的事情""上级在公开场合指着鼻子批
评您""上级公开说您迟钝，质疑您的工作能力""上级很少夸您，经常挑您
的工作毛病"等条目；因素三为滥用职权，包括"上级指使其他同事做对您
不利的事情""上级利用职权对您进行性骚扰"。

表 3 - 5　　　　下级临界点 1 行为模型的因子结构及各条目因子载荷

条　　目	因子载荷		
	人际侵犯	工作关系冒犯	滥用职权
Q1 上级经常当面挑拨您和同事的关系	0.903		
Q2 上级故意泄露您的个人隐私	0.885		
Q3 上级诅咒您在公司的发展	0.864		
Q4 上级多次背后议论损坏您名誉的私事	0.832		
Q5 上级在公开场合指着鼻子批评您		0.765	
Q6 上级不采纳您提出的合理建议		0.748	

续表

条　　目	因子载荷		
	人际侵犯	工作关系冒犯	滥用职权
Q7 上级公开说您迟钝，质疑您的工作能力		0.726	
Q8 上级很少夸您，经常挑您工作的毛病		0.725	
Q9 上级指使其他同事做对您不利的事情			0.888
Q10 上级利用职权对您进行性骚扰			0.869
解释变异（累计方差69.166%）	27.842	24.661	16.663

由表3-6所知，一个因素的解释变量为78.645%（大于50%），说明一因素模型是比较好的结构。因素一为人身攻击包括"上级通过微信等公众平台传播对您的侮辱性谣言""上级公开嘲笑您的生理缺陷，进行人身攻击""上级嘲讽您被抛弃的感情经历""上级故意栽赃陷害您""上级利用关系或借口逼您离职""上级利用权力以辞退来威胁您""上级多次找理由克扣或拖欠您的工资"等条目。

表3-6　　　　　　　下级临界点2行为模型的因子结构及各条目因子载荷

条　　目	因子载荷
Q1 上级通过微信等公众平台传播对您的侮辱性谣言	0.924
Q2 上级公开嘲笑您的生理缺陷，进行人身攻击	0.917
Q3 上级嘲讽您被抛弃的感情经历	0.890
Q4 上级诅咒您家庭关系破裂	0.886
Q5 上级在公开场合对您暴粗口，并作出攻击的手势	0.870
Q6 上级用言语污辱您的父母	0.865
Q7 上级故意栽赃陷害您	0.921
Q8 上级指使同事当众嘲讽您	0.907
Q9 上级联合其他领导共同打压您	0.904
Q10 上级利用关系或借口逼您离职	0.902
Q11 上级利用权力以辞退来威胁您	0.877
Q12 上级多次找理由克扣或拖欠您的工资	0.872
解释变异（累计方差78.645%）	

3.1.4 信度分析

信度分析即指测量结果免受误差影响的程度。Cronbach's α 系数是专门针对 Likert 量表开发的，因此，本研究也采取 Cronbach's α 系数进行信度分析。本研究对组成的新模型进行内部一致性分析，结果显示上级临界点 1 行为模型、上级临界点 2 行为模型、下级临界点 1 行为模型、下级临界点 2 行为模型的内部一致性 Cronbach's α 系数分别为 0.901、0.912、0.921、0.929，都大于 0.90，说明模型稳定性较强。

3.2 上级无礼行为螺旋升级临界点行为模型验证性因素分析

虽然探索性因子分析和内部一致性信度分析所得到的因子载荷都比较高，但是却无法保证这些指标产生的潜变量就是研究所要测量的理论构念，为了进一步检验上级无礼行为螺旋升级临界点行为模型的适切性，需要采用验证性分析与信效度检验对行为模型进行检验。信度检验采用的分析工具为 SPSS 21.0，验证性因子分析检验采用的分析工具为 MPLUS 7.0。

3.2.1 数据收集

验证性检验的样本选取原则和方式与探索性检验样本相同，但探索性检验采用的是不同样本。剔除随意填写的无效问卷后，上级填写的有效问卷为 345 份、下级填写的有效问卷 397 为份。上级无礼行为螺旋升级上级临界点行为模型的问卷样本结构中，男、女各占 56.5%、43.5%；其中 25 岁及以下占 12.5%，26～30 岁占 20.9%，31～35 岁占 22.9%，36～40 岁占 18.0%，41～45 岁占 11.0%，46～50 岁占 10.4%，50 岁以上占 4.1%；大专及以下、本科、硕士、博士分别占 26.7%、49.6%、18.6%、5.2%；基层管理者、中层管理者、高层管理者各占 54.5%、33.0%、12.5%；工作年限 1 年以下、1~5 年、6~10 年、11~15 年、15 年以上各占 5.8%、29.0%、34.2%、18.3%、12.8%；国企及事业单位、民营企业、中外合资企业、外商独资企业各占 29.0%、49.0%、13.0%、9.0%。

上级无礼行为螺旋升级下级临界点行为模型的问卷样本结构中，男、女各占 45.1%、54.9%；其中 25 岁及以下占 19.1%，26~30 岁占 26.2%，31~35 岁占 13.9%，36~40 岁占 12.6%，41~45 岁占 11.6%，46~50 岁占 8.8%，50 岁以上占 5.3%；大专及以下、本科、硕士、博士分别占 27.7%、44.8%、20.7%、4.3%；普通员工、基层管理者、中层管理者、高层管理者各占 57.2%、22.4%、12.6%、5.3%；工作年限 1 年以下、1~5 年、6~10 年、11~15 年、15 年以上各占 14.1%、30.0%、25.4%、17.7%、10.6%；国企及事业单位、民营企业、中外合资企业、外商独资企业各占 32.0%、51.4%、9.1%、5.0%。样本结构如表 3-7、表 3-8 所示。

表 3-7　　　　上级无礼行为螺旋升级上级临界点行为模型的问卷样本结构

人口统计学变量	变量取值	人数	百分比（%）
性别	男	195	56.5
	女	150	43.5
年龄	25 岁及以下	43	12.5
	26~30 岁	72	20.9
	31~35 岁	79	22.9
	36~40 岁	62	18.0
	41~45 岁	38	11.0
	46~50 岁	36	10.4
	50 岁以上	14	4.1
学历	大专及以下	92	26.7
	本科	171	49.6
	硕士	64	18.6
	博士	18	5.2

续表

人口统计学变量	变量取值	人数	百分比（%）
职位	基层管理者	188	54.5
	中层管理者	114	33.0
	高层管理者	43	12.5
工作年限	1 年以下	20	5.8
	1~5 年	100	29.0
	6~10 年	118	34.2
	11~15 年	63	18.3
	15 年以上	44	12.8
单位性质	国企及事业单位	100	29.0
	民营企业	169	49.0
	中外合资企业	45	13.0
	外商独资企业	31	9.0

表 3-8　上级无礼行为螺旋升级的下级临界点行为模型的问卷样本结构

人口统计学变量	变量取值	人数	百分比（%）
性别	男	179	45.1
	女	218	54.9
年龄	25 岁及以下	76	19.1
	26~30 岁	104	26.2
	31~35 岁	55	13.9
	36~40 岁	50	12.6
	41~45 岁	46	11.6
	46~50 岁	35	8.8
	50 岁以上	21	5.3
学历	大专及以下	110	27.7
	本科	178	44.8
	硕士	82	20.7
	博士	17	4.3
职位	普通员工	227	57.2
	基层管理者	89	22.4
	中层管理者	50	12.6
	高层管理者	21	5.3

续表

人口统计学变量	变量取值	人数	百分比（%）
工作年限	1 年以下	55	13.9
	1~5 年	119	30.0
	6~10 年	101	25.4
	11~15 年	70	17.7
	15 年以上	42	10.6
单位性质	国企及事业单位	127	32.0
	民营企业	204	51.4
	中外合资企业	36	9.1
	外商独资企业	20	5.0

3.2.2 信度检验

在进行验证性因子分析之前，研究为了确保数据的有效性。首先利用 SPSS 21.0 对样本数据进行了信度检验，结果显示样本数据的内部一致性 Cronbach's α 系数分别为 0.911、0.902、0.923、0.919，均大于 0.9，并且各条目删除后的信度系数均小于其对应的内部一致性 Cronbach's α 系数，表明样本数据稳定性较好，可以进行验证性因子分析。

3.2.3 验证性因素分析

本研究利用第二次回收的有效样本进行验证性因素分析（N1 = 345，N2 = 397）。验证性因素分析时，我们根据探索性因子分析结果，将相应条目负荷在独立的因子上。通过调试，得到以下四个模型的最佳拟合情况，如表 3 - 9 所示。

表 3 - 9　　　　　　　　验证性因素分析的拟合指数

模型	χ/df	RMR	RMSEA	CFI	TLI
上级临界点 1	3.446	0.058	0.091	0.908	0.887
上级临界点 2	3.875	0.043	0.096	0.907	0.876
下级临界点 1	2.391	0.059	0.098	0.889	0.844
下级临界点 2	3.799	0.035	0.095	0.926	0.909

由表 3 - 9 得知，上级临界点 1 的三因素模型 χ/df = 3.446，RMSEA = 0.091，CFI = 0.908，TLI = 0.887，该三因素模型的各指标都比较好，而且结构清晰，因而三因素模型是可接受的模型。上级临界点 2 的单因素模型 χ/df = 3.875，RMSEA = 0.096，CFI = 0.907，TLI = 0.876，该模型是一个可以接受的模型，各指标都比较好，而且结构清晰。下级临界点 1 的三因素模型 χ/df = 2.391，RMSEA = 0.098，CFI = 0.889，TLI = 0.844，该模型是一个可以接受的模型，各指标都比较好，而且结构清晰。下级临界点 2 的单因素模型 χ/df = 3.799，RMSEA = 0.095，CFI = 0.926，TLI = 0.909，该模型是一个可以接受的模型，各指标都比较好，而且结构清晰。

综合上述研究结果表明，上述四个模型的绝对拟合指数 χ/df 都小于 4，均方根残差（RMR）都小于 0.06，近似误差均方根（RMSEA）都小于 0.1，相关拟合指数基本都达到要求，表明模型是较为简单干净的。如图 3 - 1、图 3 - 2、图 3 - 3、图 3 - 4 所示，为各模型的完全标准化解。

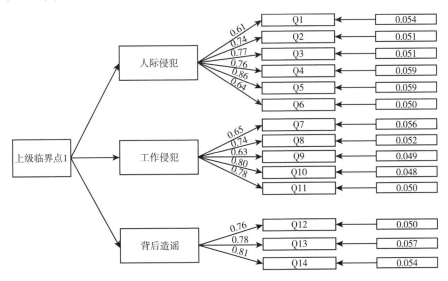

图 3 - 1　上级临界点 1 行为的三因素模型的完全标准化解

由图 3 - 1、图 3 - 2、图 3 - 3、图 3 - 4 中验证性因素分析的载荷情况可知，所有条目的载荷系数均介于 0.4 ~ 1.0 之间，并且都通过 t 检验，在 P <

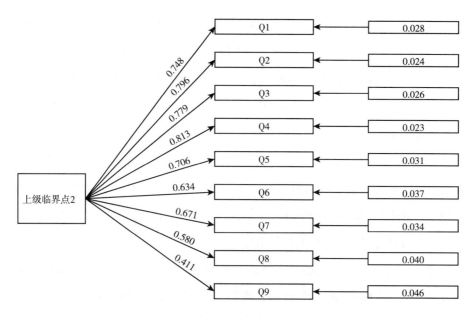

图 3 - 2　上级临界点 2 行为的一因素模型的完全标准化解

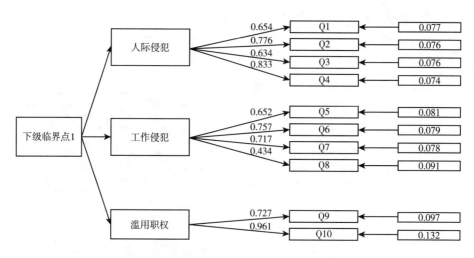

图 3 - 3　下级临界点 1 行为的三因素模型的完全标准化解

0.001 的水平上显著。此外，本研究根据验证性因子分析得到条目的因子载荷，计算各变量的平均变异萃取量（AVE）和组合信度（CR），如表 3 - 10 所示。综合数据分析结果，符合吴明隆（2009）的推荐值 AVE > 0.5，CR > 0.7，各变量具有较好的聚合效度和区分效度。

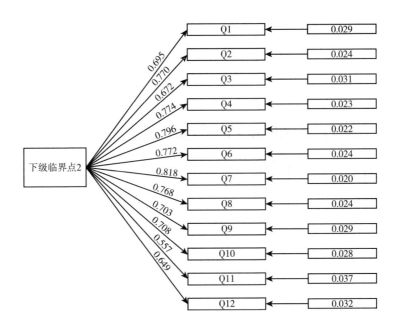

图 3-4 下级临界点 2 行为的一因素模型的完全标准化解

表 3-10   各模型的聚合效度和区分效度检验

临界点	AVE 值	CR 值
上级临界点 1	0.612	0.823
上级临界点 2	0.543	0.769
下级临界点 1	0.608	0.812
下级临界点 2	0.624	0.854

综合上述分析和研究表明:实证得出的上级无礼行为螺旋升级临界点的四个行为模型的结构与预期结构相一致,具有较好的效度和信度。

第 4 章
上级无礼行为隐性螺旋
升级的实证研究

安德森和皮尔森（Andersson & Pearson，1999）提出无礼行为螺旋升级模式基于针锋相对的方式逐步升级，直至可能演变为暴力行为。然而，由于权力不对称，上下级之间无礼行为螺旋升级过程中下级的行为表现模式有别于同级之间。遭受上级无礼行为的下级很少会用对抗的形式回应上级，通常选择被动回应，例如，原谅（Tripp et al.，2007）、表层伪装（Carlson et al.，2012）。他们通常采用隐性报复进行回应，例如，怠工、实施偏差行为、降低工作投入度、减少创新等行为，这是一种隐形的螺旋升级模式。接下来，研究者在企业取样运用两个实证研究来验证这种隐性逻辑升级模式。

4.1 基于串联中介模型的上级无礼行为对员工创造力的影响研究

4.1.1 问题提出

随着我国经济进入创新驱动发展的关键时期，客户需求日益多变，产品创新成为企业获取超额利润和竞争优势的关键所在，员工创造力作为产品创新的基本要素和前提条件（Amabile et al.，1996；Hon & Lui，2016），其影响因素一直受到企业和学者的高度关注。员工创造力是员工对产品及其生产过程产生的新颖、有用的想法，包括常规和变革性的创造力，是对现有想法的修改或彻底改进（Tierney & Farmer，2011），它是员工创新行为的内在表现与前提条件。员工创新行为是个体将其产生的新奇想法应用于组织活动当中的行动，包括寻找机会、产生想法、调查研究、寻求支持和实践应用五个阶段（Kleysen & Street，2001）。有研究表明直接上级是激发员工创造力的催化剂和最重要的预测变量之一（Volmer et al.，2012），但现有研究基本聚焦于积极领导如自我牺牲型领导（徐振亭和罗瑾琏，2016）和谦卑型领导（陈翼然等，2017）对员工创造力的促进作用，而较少探讨消极领导对员工创造力的影响。有研究表明相较于正面刺激，负面刺激对个体的影响更大（Baumeister et al.，2001），因此，有必要探讨消极领导对员工创造力的影响。消极领导通常包括暴君领导、辱虐管理、上级无礼行为等（Krasikova et al.，2013）。相较于西方文化而言，中国文化更重视"中庸"和"面子"，破坏性领导行为更容易表现为没有明显伤害意图的无礼行为而不是其他消极领导行为。实证研究也表明工作场所无礼行为普遍存在于中国组织当中，上级无礼行为更加频繁（王淑星，2013）。工作场所无礼行为是指违反工作场所中相互关心、相互尊重这一规范，伤害意图模糊、强度较轻微的一种人际偏差行为（Andersson & Pearson，1999），但其对员工的影响后果并不轻微（刘嫦娥等，2017）。上级无礼行为即无礼行为实施者为上级，本研究的上级是指员工的直接主管。由此，在中国情境下探讨上级无礼行为如何影响员工创造力显得尤为重要。

本研究基于社会认知理论的视角探讨上级无礼行为对员工创造力的影响，分析内部人身份认知和创新动机的串联中介效应。社会认知理论认为，员工的态度和行为反应取决于员工对输入信息的认知评价（顾远东，2014），上级无礼行为作为一种负面领导行为，会使员工产生消极的认知评价，从而减少创新行为，降低员工创造力。以往对员工创造力前因变量的研究表明内部人身份认知对其具有正向影响（王雁飞，2014），内部人身份认知是指员工感知到的组织内部成员身份的程度，是员工对组织认知评价的一种（Stamper & Masterson，2002）。同样，创新动机作为个体动机中的一种，源自员工自身对创造性工作所保持的自我感和胜任感（Ryan & Deci，2000），实证研究也表明它对员工创造力具有显著的正向影响（薛贵等，2001）。这些研究大多把内部人身份认知或创新动机作为员工创造力的前因变量进行探讨，而关于它们在领导行为与员工创造力间是否具有中介作用的研究较少（王艳子和罗瑾琏，2017）。我们认为遭受上级无礼行为的员工会首先对自己在组织中的地位做出认知评价，内部人身份认知降低，从而进一步负向影响他们实现创造性想法的创新动机，最后这种负向影响会传递到员工创造力，使员工创造力降低。也就是说，本研究将内部人身份认知、创新动机作为串联中介变量探讨上级无礼行为对员工创造力影响的过程机制。

总之，在经济转型升级的背景下，探讨上级无礼行为通过内部人身份认知和创新动机的串联中介对员工创造力的作用机制，理论上丰富了消极领导行为对员工创造力的影响研究，实践上为企业提高员工创造力提供了理论依据。

4.1.2 研究假设

4.1.2.1 上级无礼行为与内部人身份认知、创新动机

内部人身份认知的概念最早由斯坦伯和马斯特森（Stamper & Masterson，2002）提出，是指员工所感知到的组织区别对待他们的程度，即组织或上级把他们区分为内部人和外部人。陈和雅丽（Chen & Aryee，2007）认为内部人身份认知是员工关于自己与企业内部其他成员间的人际关系感知，它强调的是员工对自身身份的界定，关注的是员工对组织的认知与评价，是评价员工与组织关系的重要指标。根据社会认知理论，当员工感知到组织重视他们

的时候，这种对组织的认知评价会使他们把自己归于内部人而非外部人。阿姆斯壮 – 斯塔森和施洛塞（Armstrong-Stassen & Schlosser，2011）的实证研究表明，当员工感知到组织对他们的支持并且满足他们的需求时，会对内部人身份认知产生正向影响。相反，上级作为组织的"一张脸"，当他们对员工不友好如实施上级无礼行为时，员工就会重新评价自己与组织的关系，认为组织并不尊重自己在工作上的贡献，这种认知评价会对员工的内部人身份认知产生负向影响。因此，我们提出以下假设：

假设 1　上级无礼行为与内部人身份认知存在负相关关系。

德西（Deci）和瑞安（Ryan）将个体动机分为内部性动机、外部性动机和无动机三种类型（蒋丽和李永娟，2012），他们认为员工作为积极的个体，会在自我需要与环境产生充分交互之后，对行为做出自我选择，这种对个体行为的自我决定就构成了员工的内部性动机（林桦，2008）。而外部性动机是指员工为了获得外部奖励而去从事相关行为的倾向，即使这种行为本身他们可能并不感兴趣。无动机则是员工最缺乏自我选择的动机类型，在这种动机类型下，他们认识不到自我行为和行为结果之间的联系，因此对所从事的活动毫无兴趣。本研究提出的创新动机就是员工为了实现创造性想法所促发的内部性动机，有研究表明消极领导行为可以损害员工的自尊感、降低他们的工作满意度和内部性动机，从而产生离职意图（Tepper，2007；刘嫦娥和刘方，2011）。社会认知理论认为，各种情境因素对员工创造力的影响正是通过内部性动机的中介而实现的（Shalley et al.，2004）。在上级无礼行为的消极情境中，上级对员工态度冷漠、嘲笑或不公平等，这种消极互动会使员工对创造性想法的胜任感和自我感丧失，由于感受不到组织的激励，员工的创新动机会因此受到负面影响（Ryan & Deci，2000；王端旭和洪雁，2010）。因此，我们提出以下假设：

假设 2　上级无礼行为与创新动机存在负相关关系。

4.1.2.2 内部人身份认知的中介作用

在中国情境下，如何让企业员工感受到自己是"大家庭"中的一员，或者认识到自己的内部人身份，会直接影响到员工的行为表现（Wang & Kim，2013）。已有研究表明，高内部人身份认知的员工会表现更少的偏差行为和更多的利他行为（Stamper & Masterson，2002）。他们更愿意留在组织中，更加愿意承担组织成员应有的责任，产生更高水平的工作满意度（Chen & Aryee，2007）、任务绩效（Armstrong-Stassen & Schlosser，2011）。基于此，博诺科雷等（Buonocore et al.，2009）认为，那些把自己看作组织内部成员的员工对工作更有责任感，更加愿意付出额外的努力，这使得他们不但会完成自己分内的工作，还会表现出更加积极的角色外行为，如建言行为和创新行为。根据社会认知理论，我们认为员工作为积极的个体，当他们感知到自己归属于组织内部，是组织的内部成员时，这种对组织的积极认知评价会使他们对自己的行为和反应做出积极的自我选择，对创造性想法表现出更加浓厚的兴趣和动力，创新动机得到进一步强化（林桦，2008；Wang & Kim，2013）。因此，我们提出以下假设：

假设3 内部人身份认知与创新动机存在正相关关系。

根据社会认知理论，个体行为反应取决于自己对输入信息的认知，当上级实施无礼行为如公开质疑或嘲讽员工时，他们会产生不安全感并且认为自己的内部人身份受到威胁（刘嫦娥和戴万稳，2012），内部人身份认知降低。他们开始怀疑自己对组织的贡献，认为自己对组织而言可有可无，这就使得他们对创造性想法失去兴趣和内在动力。也就是说，上级无礼行为通过负向影响内部人身份认知从而负向影响员工的创新动机。因此，我们提出以下假设：

假设4 内部人身份认知在上级无礼行为与创新动机的关系中起中介作用。

4.1.2.3 内部人身份认知、创新动机与员工创造力

影响员工创造力的因素有环境因素和个体因素，前者包括一些与工作相

关的因素，如组织氛围、与上级的关系等，后者包括一些与员工自己有关的因素，如人格、认知和动机等（Shalley & Gilson, 2004）。内部人身份认知作为个体认知的一种，它对员工创造力的影响研究历来广受学者们的青睐。赵等（Zhao et al., 2014）指出，内部人身份认知对员工创造力产生正向影响，高内部人身份认知的员工认为自己是组织的一部分，他们会主动承担作为内部人的责任，把自己的额外努力当作组织成功的组成部分，努力实现创造性想法；同样，学者们针对创新动机与员工创造力的关系进行了广泛的探讨。例如，阿马比尔（Amabile, 1996）认为，创新动机作为个体认知因素的另一种，是创造力不可或缺的成分之一，对员工创造力具有正向预测作用。受创新动机的驱使，员工在工作中拥有更加强烈的自信和兴趣，从而提高了产生新想法、解决新问题的能力，这使得他们表现出更加独特的创造性。现场实验表明，创新动机能激发员工创造力（Zhang & Bartol, 2010）。蒂尔尼和法默尔（Tierney & Farmer, 1999）、夏因和周（Shin & Zhou, 2003）的实证研究也证明，创新动机对员工创造力具有正向影响。也就是说，内部人身份认知和创新动机对员工创造力均具有正向影响，因此，我们提出以下假设：

假设 5　内部人身份认知与员工创造力存在正相关关系。

假设 6　创新动机与员工创造力存在正相关关系。

相较于组织的外部人而言，认为自己是组织内部人的员工感知到上级和组织是关心和信任自己的，因而他们更加愿意从事超出自己角色范围但对组织有益的行为（汪林等，2009），这种创新动机的加强使得员工的创造力得到进一步强化。总之，以往研究已经证实内部人身份认知（薛贵等，2001）和创新动机（谢俊等，2014）对员工创造力均具有正向影响，我们在这些研究成果的基础上推断，内部人身份认知能够通过创新动机的中介作用预测员工创造力。也就是说，内部人身份认知会对员工的创新动机产生正向影响，从而进一步正向影响员工创造力。因此，我们提出以下假设：

假设 7　创新动机在内部人身份认知与员工创造力的关系中起中介作用。

4.1.2.4 内部人身份认知和创新动机的串联中介作用

王艳子和罗瑾琏（2017）的研究表明，内部人身份认知在领导行为与创新行为之间起中介作用。根据社会认知理论，谢莉等（Shalley et al., 2004）认为，情境因素对创造力的作用正是通过创新动机的中介来实现。本研究基于以往对内部人身份认知和创新动机的中介作用研究，进一步假设上级无礼行为会通过降低员工的内部人身份认知，进而降低其创新动机，最终导致员工创造力下降。上级无礼行为作为一种伤害意图模糊的人际偏差行为（Andersson & Pearson，1999），它的直接结果是降低员工的内部人身份认知。当员工的内部人身份认知低时，这种对组织的消极评价会导致他们的创新动机减弱，这势必会负向影响员工创造力。综上所述，本研究通过构建上级无礼行为→内部人身份认知→创新动机→员工创造力这一整合模型来反映上级无礼行为对员工创造力影响的认知行为过程。由此，我们提出以下假设：

假设 8 内部人身份认知和创新动机在上级无礼行为与员工创造力的关系间具有串联中介作用。

综上所述，本研究推断的理论模型如图 4-1 所示。

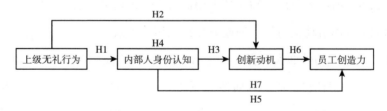

图 4-1 上级无礼行为对员工创造力影响的理论模型

4.1.3 研究方法

4.1.3.1 研究样本

本研究样本主要来源于湖南（占 36%）、广东（占 34%）、宁夏（占

17%)、山西（占 13%）四个省份的跨行业员工，具有较好的代表性。通过委托企业管理者进行现场发放纸质问卷和已经参加工作的亲朋好友填写电子问卷的形式发放问卷。纸质问卷均事先装入信封中，由研究者向被委托管理者说明问卷发放时间及流程，要求员工填写后撕下双面胶密封问卷，由该管理者统一邮寄给研究人员。纸质问卷和电子问卷均由研究者事先对被委托者进行培训，强调问卷的匿名性与学术研究目的，打消员工填写问卷的顾虑，且保证纸质问卷和电子问卷在同一时间段内完成。共发放 450 份问卷，回收434 份，并将纸质问卷中漏答、有明显规律性及电子问卷中填写时间过短的无效问卷剔除，获得有效问卷 372 份，有效问卷率达 85.71%。数据的人口统计学情况如下：性别方面，男性占 44.9%、女性占 55.1%；学历方面，大专及以下占 40.3%、本科占 53.5%、硕士及以上占 6.2%；年龄方面，25 岁及以下占 65.6%、26～35 岁占 26.6%、36 岁及以上占 7.8%；职位级别方面，一般员工占 63.4%、基层管理者占 24.7%、中高层管理者占 11.9%。

4.1.3.2 变量测量

为了确保测量工具的一致性和可靠性，本研究测量量表均来自国内外成熟的量表，并结合国内实际情况进行适当修订。量表采用李克特 5 点计分，计分方式从"完全符合"到"完全不符合"依次计 1～5 分，量表情况如下。

上级无礼行为。为确保效度及信度，我们以科尔蒂纳等（Cortina et al.，2001）开发的工作场所无礼行为量表为基础，并借鉴刘嫦娥和戴万稳（2012）在中国情境下开发的五因子量表。该量表包含了 12 个条目，相应条目有"上级轻视我或用高高在上的态度对待我""上级用含有轻蔑、粗鲁或贬低的语言评论我""上级对我的工作绩效做出不公正的评价"等，通过Cronbach's α 系数分析，本量表内部一致性系数为 0.945，信度良好。

内部人身份认知。参考斯坦伯和马斯特森（Stamper & Masterson，2002）开发的量表，共 6 个题项，包括的条目有"我觉得我是组织的一部分""组织让我相信我是组织的一部分""我感觉我是组织的局外人"等。该量表的内部一致性系数为 0.926，具有良好的信度。

创新动机。借鉴蒂尔尼等（Tierney et al.，1999）编制的创新动机量表，该量表共包含 5 个题项，相应条目有"我喜欢寻求工作中复杂问题的解决方案""我喜欢提出工作的新思路""我喜欢从事需要分析思考的工作"等。量表的内部一致性系数为 0.829，信度良好。

员工创造力。参照周和乔治（Zhou & George，2001）编制的创造力量表，共 13 个题项，相应条目有"我会提出新的方法来实现目标""我会提出新的和可行的想法，改进工作绩效""我会找出新的技术、流程等方面的想法"等。该量表的内部一致性系数为 0.958，具有良好的信度。

控制变量。根据以往学者的相关研究，员工的性别、学历、年龄、职位等变量对员工创造力也会产生影响，为保障结果的科学性，本研究将这些基本信息变量进行控制处理。

4.1.4 数据分析与假设验证

本研究主要采用 SPSS 21.0 和 AMOS 17.0 统计软件对数据进行分析处理。步骤如下：第一，共同方法偏差检验及效度分析；第二，描述性统计与相关分析；第三，假设检验，对研究假设进行验证。

4.1.4.1 共同方法偏差检验及效度分析

本研究的所有变量和信息都是由员工自我报告，来源单一，可能存在同源偏差问题。因此，我们采用 Harman 单因素检验的方法对数据进行分析。周浩和龙立荣等（2004）的研究表明，可以运用探索性因子分析法，根据析出的公因子数来判断是否存在共同方法偏差问题。我们对所有变量采取最大方差法进行旋转主成分分析，并通过载荷系数分析得出四个主成分。共析出 6 个特征值大于 1 的公因子，且第一个公因子解释的变异量为 32.81%，低于 50%，故此结果表明本研究的问卷调查数据同源偏差问题不严重，可以进行下一步分析。

接下来，我们针对所有变量进行验证性因子分析，检验构念之间的区分效度，通过逐步合并变量比较假设模型与单因子 CFA 模型之间的拟合差异。由表 4 - 1 可知，四因子模型的拟合度较好，$\chi^2/df = 2.43 < 3$、CFI $= 0.902 >$ 0.9、TLI $= 0.901 > 0.9$、RMSEA $= 0.062 < 0.08$。卡方差异的显著性检验表明，其他替代模型与四因子模型存在显著差异，且拟合度较差，这说明本研究中各变量具有相对独立性。此外，构念的所有测项因子荷重均显著，构念的组合信度均高于 0.70，平均方差抽取量均大于 0.50，且大于任意两个潜变量之间的相关系数。表明本研究构念具有较好的聚合效度和区分效度（Fornell & Larcker，1981）。

表 4 - 1 　　　　　　　　　　　测量模型拟合度比较

模　型	χ^2	$\Delta\chi^2$	df	χ^2/df	CFI	TLI	RMSEA
四因子模型（SI, PIS, IM, EC）	1431.71		588	2.43	0.902	0.901	0.062
三因子模型（SI + PIS, IM, EC）	2010.15	578.44**	591	3.40	0.835	0.824	0.080
三因子模型（SI + IM, PIS, EC）	2299.82	868.11**	591	3.89	0.801	0.788	0.088
三因子模型（SI, PIS + IM, EC）	2184.68	752.97**	591	3.69	0.815	0.802	0.085
二因子模型（SI + PIS + IM, EC）	2848.27	1416.56**	593	4.80	0.738	0.721	0.101
单因子模型（SI + PIS + IM + EC）	4569.85	3138.14**	594	7.69	0.537	0.509	0.134

注：n = 372，SI 代表上级无礼行为，PIS 代表内部人身份认知，IM 代表创新动机，EC 代表员工创造力，下同；+ 代表变量合并；*** 表示 P < 0.001；** 表示 P < 0.01；* 表示 P < 0.05。

4.1.4.2　描述性统计与相关分析

考虑到控制变量的影响，分析结果如表 4 - 2 所示，上级无礼行为与内部人身份认知（$\gamma = -0.2$，P < 0.001）、创新动机（$\gamma = -0.29$，P < 0.001）、员工创造力（$\gamma = -0.2$，P < 0.001）之间具有显著负相关关系；内部人身份认知与创新动机（$\gamma = 0.17$，P < 0.01）、员工创造力（$\gamma = 0.14$，P < 0.001）之间具有显著正相关关系；同样，创新动机与员工创造力之间也具有显著的正相关关系（$\gamma = 0.67$，P < 0.001），初步验证了本研究的研究假设 1、假设

2、假设 3、假设 5、假设 6。

表 4 - 2   变量描述性统计与相关分析

变量	均值	标准差	1	2	3	4	5	6	7
1. 性别	1.55	0.49							
2. 学历	2.52	0.81	-0.01						
3. 年龄	1.63	1.18	0.07	-0.28 ***					
4. 职位	1.51	0.75	-0.19 ***	0.08	0.28 ***				
5. 上级无礼行为	1.87	0.71	-0.07	0.05	0.02	0.02			
6. 内部人身份认知	2.93	0.27	-0.02	0.001	0.002	0.09	-0.2 ***		
7. 创新动机	3.28	0.70	-0.04	0.14 **	-0.11 *	0.23 ***	-0.29 ***	0.17 **	
8. 员工创造力	3.49	0.63	-0.06	-0.01	-0.03	0.05	-0.20 ***	0.14 ***	0.67 ***

注：n = 372，*** 表示 P < 0.001；** 表示 P < 0.01；* 表示 P < 0.05。

4.1.4.3 假设检验

首先，采用结构方程模型对本研究提出的部分假设进行验证。例如，以上级无礼行为为自变量，内部人身份认知为因变量，构建结构方程模型。结果表明该模型拟合良好（$x^2/df = 2.527 < 3$、$CFI = 0.943 > 0.9$、$TLI = 0.929 > 0.9$、$RMSEA = 0.072 < 0.08$），上级无礼行为对内部人身份认知的影响显著（$\beta = -0.704$，$P < 0.01$），假设 1 通过检验；同理，上级无礼行为对创新动机的影响显著（$\beta = -0.270$，$P < 0.01$），假设 2 通过检验；内部人身份认知对创新动机的影响显著（$\beta = 0.354$，$P < 0.01$），假设 3 通过检验；内部人身份认知对员工创造力的影响显著（$\beta = 0.519$，$P < 0.01$），假设 5 通过检验；创新动机对员工创造力的影响显著（$\beta = 0.866$，$P < 0.01$），假设 6 通过检验。

接下来，我们借鉴舒睿等（2015）在检验串联中介时的做法，通过构建竞争模型检验部分中介和完全中介。如表 4 - 3 所示，卡方差异的显著性以及三个信息指标（AIC、BIC、基于样本量调整后的 BIC）是比较嵌套模型的依据。具体而言，上述三个信息指标的统计量越小则代表模型的路径拟合越好。首先，构建所有路径都包含在内的全路径模型作为基准模型，即本研究中的模型 1；在模型 1 的基础上我们先后分别删除直接效应路径 SI→EC、SI→IM、PIS→EC 得到模型 2、模型 3 和模型 4；模型 5 为删除路径 SI→IM、PIS→EC 后得到的串联部分中介模型；模型 6 为删除路径 SI→EC、SI→IM、PIS→EC 后得到的完全串联中介模型。分析结果如表 4－3 所示，通过观察其他嵌套模型与模型 1 相比的 $\Delta\chi^2$ 数值，我们发现模型 2 与模型 1 的 $\Delta\chi^2$ 值最小，但也存在显著差异（P＜0.05）。从 AIC、BIC 以及调整后的 BIC 指标看，模型 1 的数值普遍低于其他模型。综合比较，模型 1 的路径拟合较好，因此我们选择模型 1 作为最终模型。

表 4－3 路径分析与假设检验

	项目	模型 1	模型 2	模型 3	模型 4	模型 5	模型 6
拟合指标	χ^2	1431.71	1471.07	1453.74	1525.78	1525.78	1525.97
	$\Delta\chi^2$		39.36**	22.03**	94.07**	94.07**	94.26**
	df	588	589	589	589	590	591
	AIC	1587.71	1625.07	1607.74	1679.78	1677.78	1675.97
	BIC	1893.38	1926.82	1909.50	1981.53	1975.62	1969.89
	调整后 BIC	1823.13	1858.61	1841.82	1913.73	1907.32	1901.79
路径系数	SI→PIS	－0.704**	－0.639**	－0.68**	－0.702**	－0.702**	－0.705**
	SI→IM	－0.270**	－0.003		－0.003		
	SI→EC	－0.338**		－0.156**	－0.013	－0.015	
	PIS→IM	0.354**	0.212**	0.19**	0.078**	0.077**	0.068**
	PIS→EC	0.519**	0.347**	0.418**			
	IM→EC	0.866**	0.866**	0.85**	0.876**	0.876**	0.874**
间接效应	SI→PIS→EC	－0.36**	－0.22**	－0.28**			
	SI→PIS→IM	－0.24**	－0.13**	－0.12**	－0.05**	－0.05**	－0.04**
	SI→IM→EC	－0.23**	－0.002**		－0.002**		
	PIS→IM→EC	0.30**	0.18**	0.16**	0.06**	0.06**	0.05**
	SI→PIS→IM→EC	－0.21**	－0.11**	－0.10**	－0.04**	－0.04**	－0.04**

注：n＝372，*** 表示 P＜0.001，** 表示 P＜0.01，* 表示 P＜0.05；模型 2 在模型 1 基础上删除路径 SI→EC；模型 3 在模型 1 基础上删除路径 SI→IM；模型 4 在模型 1 基础上删除路径 PIS→EC；模型 5 在模型 1 基础上同时删除路径 SI→IM、PIS→EC；模型 6 在模型 1 基础上同时删除路径 SI→EC、SI→IM、PIS→EC。

为了进一步验证间接效应的大小和显著性，采用 BOOTSTRAP 法（N = 1000）对内部人身份认知和创新动机的中介效应进行分析。结果表明，上级无礼行为通过内部人身份认知对创新动机的间接效应（SI→PIS→ IM）显著（β = -0.24，P < 0.01），95% 置信区间为 [0.012，0.07]，区间不包含 0，假设 4 通过检验；内部人身份认知通过创新动机对员工创造力的间接效应（PIS→IM→EC）显著（β = 0.30，P < 0.01），95% 置信区间为 [0.012，0.154]，区间不包含 0，假设 7 通过检验；上级无礼行为通过内部人身份认知、创新动机的连续中介对员工创造力的间接效应（SI→PIS→IM→EC）显著（β = -0.21，P < 0.01），95% 置信区间为 [-0.235，-0.055]，区间不包含 0，假设 8 通过检验，具体如图 4 - 2 所示。

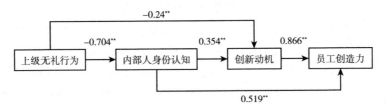

图 4 - 2　串联中介路径

注：*** 表示 P < 0.001，** 表示 P < 0.01，* 表示 P < 0.05。

4.1.5　研究结论与总结

本研究聚焦于上级无礼行为对员工创造力的影响机制，提出了一个串联中介模型以解释上级无礼行为对员工创造力的影响过程。研究发现：首先，内部人身份认知部分中介了上级无礼行为与创新动机的关系；其次，创新动机部分中介了内部人身份认知与员工创造力的关系；最后，在内部人身份认知和创新动机的串联中介作用下，上级无礼行为对员工创造力产生负向影响。

4.1.5.1　理论贡献

探讨了上级无礼行为对员工创造力的影响机制。以往研究大多聚焦于积极领导行为对员工创造力的影响，较少研究消极领导行为对员工创造力的作用。尽管有少量研究探讨了消极领导行为对员工创造力的影响（Porath & Erez，2007），但国内外研究表明工作场所中来自上级的消极领导行为普遍表现为程度较轻微的上级无礼行为（Andersson & Pearson，1999），这种情况在中庸、和谐的中国情境下尤甚。我们的模型将上级无礼行为文献与员工创造力文献相结合，探讨这两个变量相互影响的内在机制，这对学术界和管理实践者全面深入理解上级无礼行为与员工创造力的关系具有重要意义。

探讨了内部人身份认知和创新动机的中介作用。本研究表明内部人身份认知在上级无礼行为与创新动机的关系间起部分中介作用；创新动机在内部人身份认知与员工创造力的关系间起部分中介作用；科尔蒂纳等（Cortina et al.，2001）研究表明消极领导行为对员工产出有负面影响，但对其影响机制并未详细剖析。本研究基于社会认知理论，分别将内部人身份认知和创新动机纳入模型中。当员工遭受上级无礼行为这种消极领导行为时，内部人身份认知和创新动机会降低，于是降低了员工创造力。

探讨了内部人身份认知和创新动机在上级无礼行为与员工创造力关系间的串联中介作用。谢俊和汪林等（2014）证明了内部人身份认知和内部性动机同时在领导部属交换和员工创造力之间起完全中介作用，但并没有对这两个中介变量之间的关系进行研究。王艳子和罗瑾琏（2017）的研究强调内部人身份认知在积极领导行为——谦卑型领导与员工创新行为之间的中介作用，忽略了创新动机的作用。本研究证实了内部人身份认知和创新动机在消极领导行为——上级无礼行为与员工创造力的关系间具有串联中介作用，也就是说，本研究对于梳理领导行为的影响过程具有重要参考价值，在一定程度上拓宽了领导行为研究的诺莫网络。

4.1.5.2 管理启示

本研究对企业管理者提供如下几点建议：

（1）研究结论显示上级无礼行为对员工创造力具有显著的负向影响，因此，可以从杜绝或减少上级无礼行为着手。企业应该意识到上级实施无礼行为的危害性，可通过对员工进行匿名调查或对上级领导行为进行秘密访察，对上级无礼行为进行系统的摸底。对频繁实施无礼行为的上级零容忍，解聘其职务，绝不手软；对领导行为考核不达标的上级，责令改正，或降薪降职录用；对领导行为考核结果优秀的上级主管，则给予公开表彰。

（2）上级无礼行为能够通过降低内部人身份认知和创新动机进而抑制员工创造力。这揭示了上级无礼行为抑制员工创造力的过程机制，同时也说明企业管理者可以通过提高内部人身份认知和创新动机，进而缓解上级无礼行为对员工创造力的负向影响。从强化内部人身份认知着手，企业管理者要善于为员工营造一种内部人身份认知，让员工觉得自己是组织的内部人。除了给予工作上的支持，肯定员工对企业的贡献之外，还要多给予员工关键信息、福利等，或者让他们参与企业的关键决策，这些诱因信号会使他们更加积极地投入到创新中去，员工创造力得到提升。同时，企业也要把如何提升员工内部人身份的积极认知作为管理者的培训和考察项目。

（3）从强化创新动机着手，企业管理者应该意识到单纯的外部奖励只是强化了员工的外部性动机，这并不一定能激发员工创造力。因此，管理者应当通过各种方式去强化员工的内部性动机，即强化本文所研究的创新动机，如给予员工充分的授权，让他们有更多自由决策的空间等。

4.1.5.3 结语

本研究具有以下局限性：

（1）仅收集横截面数据，难以检验上级无礼行为对员工创造力的动态影响，可能反向因果关系也存在。未来研究者可通过纵向设计或现场实验法，以进一步探索上级无礼行为、内部人身份认知、创新动机和员工创造力之间的因果关系。

（2）采用单一来源的数据测量方式，结论易受共同方法偏差的影响（Podsakoff et al.，2012）。员工创造力量表采用员工自己报告的方式，难免存在同源偏差问题。虽然同源偏差对因果关系的影响并不严重，但出于严谨性考虑，未来研究可采用多源的问卷调查方式，提高数据科学性。

（3）没有控制样本特征因素的影响，样本中的行业、岗位类型较多，虽然通过改变样本数量表明研究结果具有稳健性，但中国社会具有较高的权力距离，特别是政府部门、事业单位、国有企业的领导具有较高的地位和自由权，这意味着员工对上级无礼行为的关注和感知在不同性质的单位可能表现不同。因此，未来学者可以针对特定性质的单位、行业、群体（如新生代员工）研究上级无礼行为的影响。

（4）以往对消极领导行为的研究主要把它作为前因变量，鲜有涉及消极领导行为的影响要素研究，本研究也主要聚焦上级无礼行为对员工创造力这一结果变量的影响机制。因此，未来研究者可以关注中国情境下上级无礼行为的影响要素研究。此外，因为领导风格可以作为激发员工创新的调节变量（王艳子和罗瑾琏，2017），故未来研究可以将上级无礼行为作为调节变量，并采用跨层研究方法探索领导层面因素对个体层面员工创造力的影响。

4.2 基于敌意认知和控制点作用的上级无礼行为对员工创新的影响研究

4.2.1 问题提出

随着经济全球化和商业的迅速发展，员工创新即对组织产品、实践、服务或程序产生一些新颖、有用的想法，在企业中发挥着越来越重要的作用（Shalley et al.，2009）。现有研究主要聚焦于积极领导行为（如变革型领导、魅力型领导）对员工创新的促进作用（Shin & Zhou，2003），较少探讨领导阴暗面行为对员工创新的影响。鲍迈斯特等（Baumeister et al.，2001）指出，当个体面对不同刺激时，相较于积极刺激，消极刺激对个体态度和行为的影响更为强烈。负面领导作为一种消极刺激，可能对员工创新的影响更大。因此，很有必要探讨负面领导行为如工作场所上级无礼行为对员工创新的影响。上级无礼行为是指上级对下级的违反工作场所中相互关心、相互尊重这一规范，伤害意图模糊、强度较轻微的一种人际偏差行为（Andersson & Pearson，1999），本研究的上级是指员工的直接主管。关于工作场所无礼行为的研究通常聚焦于多来源的工作场所无礼行为，如上级、同事及下级的合力效应对员工影响后果的研究（Hershcovis et al.，2017），较少有研究涉及单一来源无礼行为比如上级无礼行为对员工的影响效应。有研究表明上级是下级获取各种资源的守门员，上级无礼行为相较于同事、下级的无礼行为对雇员的影响效应更大（Hershcovis & Barling，2010）。因此，未来研究区分不同来源无礼行为的影响显得非常有意义。科尔蒂纳等（Cortina et al.，2001）研究表明美国组织中普遍存在的人际偏差行为是无礼行为，并且上级是无礼行为最频繁的实施者（Porath & Pearson，2012）。相较于西方国家，中国是一个强调儒家文化的礼仪之邦，重视"和谐""中庸""面子"，领导对下属的破坏性行为更容易表现为没有明显伤害意图的无礼行为而不是辱虐管理。辱虐管理是下属感知管理者持续表现的言语或非言语形式的敌意行为，但不包括肢体接触（Tepper，2007）。目前有少许关于负面领导行为对员工创新的影响研究主要聚焦于辱虐管理而不是上级无礼行为（Liu et al.，2012）。相较于辱虐管理的持续性特征，上级无礼行为更多表现为一种临时的、偶然性的行为。同时，上级无礼行为在实施过程中表现出伤害意图模糊的特征，这与公开持续的羞辱或辱骂下属等敌意明显的辱虐管理行为存在本质区别（Liu et al.，2012）。由于本质不同，因此对后果变量的影响程度应有所差别。实证研究也表明中国组织工作场所无礼行为普遍存在，上级无礼行为更为频繁（王淑星，2013）。尽管无礼行为在工作场所中普遍存在，由于其程度轻微而被研究者与实践者所忽视，但其影响后果并不轻微（Porath & Pearson，2012）。迄今为止，虽有少量研究探讨了工作场所无礼行为与创新的关系（Porath & Erez，2007），但他们是以学生为研究对象的实验室研究，研究结论能否推广至工作情境还需验证。研究表明，个体创新能有效提高组织绩效，领导行为在促进或抑制员工创新过程中具有重要作用（Liu et al.，2012）。综上所述，在中国情境下阐述上级无礼行为对员工创新的影响具有重要理论和实践意义。

本研究目的是从社会认知理论视角分析上级无礼行为对员工创新的影响，聚焦于敌意认知的中介效应及控制点的调节效应，以及控制点在上级无礼行为、敌意认知及员工创新之间的间接关系中所起的调节作用。根据社会认知理论，个体态度和行为反应取决于个体对输入信息的认知评价，如输入信息的合理性及回应输入信息所引发的各种后果（Anderson & Bushman，2002）。已有相关研究指出，个体认知评价作为行为的驱动因素，与员工的行为和反应具有相关关系（顾远东等，2014）。因此，我们有理由推断上级无礼行为会降低员工创新。以往研究表明遭受无礼行为的员工会反复分析无礼行为的合理性及回应无礼行为可能产生的后果（Porath & Pearson，2012），于是消耗认知资源，导致员工减少在创新上认知资源的投入。上级无礼行为通常让人产生敌意认知。敌意认知是个体在与他人交往过程中自动表现出敌对想法，其中包括贬低他人、怨恨他人和消极评价他人等（Snyder et al.，1997）。敌意认知作为一种负面认知，会降低员工对上级的认同感，遭受上级无礼行为的员工将投入更多的资源应对上级无礼行为，以保护自身利益和地位，从而减少对创新的投入。但关于敌意认知在上级无礼行为与员工创新间是否具有中介作用的研究尚未展开，因此，本研究将对这个问题进行深入研究。同样，遭受上级无礼行为，为何员工敌意认知感强弱会不同？以往研究者探讨自恋人格在上级无礼行为与工作投入中的调节作用（Chen et al.，2013），较少有研究将控制点作为上级无礼行为与效果变量之间的调节变量来研究。控制点是个体相信自己可以掌控生活中所发生事件的程度（Rotter，1990），它是一种稳定的个体特质。高控制点员工将事件结果归因自身、拥有较强自我效能感和更高成就感且不畏惧困难，对工作有更高满意度；而低控制点员工将事件结果归因外界、缺乏自信、谨慎多疑且更具攻击性（Tepper，2007）。我们认为员工控制点可以调节上级无礼行为与敌意认知的正向关系。高控制点员工通常将事件结果归因于自己，因此对上级无礼行为较少产生敌意认知。相反，低控制点员工往往将事件结果归因于外界环境，尤其是负面事件如上级无礼行为，从而对外界产生怨恨、消极评价等敌对想法的敌意认知。

另外，由于高控制点员工往往具有高成就动机、自信心及创新精神（Chan，1978；Lawrence & Winschel，1975），他们更倾向于减缓上级无礼行为对自身情绪和认知的负面影响，从而减弱上级无礼行为对员工创新的影响。与此相反，低控制点员工更倾向于将上级无礼行为进行敌意归因，即认为上级无礼行为对自身身份存在威胁，于是产生抵制、厌恶工作的情绪及心理，从而导致工作投入和创新动机降低。因此，相较于低控制点员工，高控制点员工较少对上级无礼行为进行敌意认知，从而对员工创新的负面影响较弱。

总之，在社会经济转型背景下，探讨上级无礼行为通过敌意认知对员工创新的作用机理及员工控制点的调节效应，理论上丰富了破坏性领导行为对组织行为的文献研究，实践上为提高我国组织员工创新积极性提供了指导依据。

4.2.2 研究假设

4.2.2.1 上级无礼行为对员工创新的影响

根据社会认知理论，个体的态度和行为反应取决于个体对输入信息的评价。当上级实施无礼行为时，如公开批评、诽谤、嘲讽、质疑等，会让员工产生不安全感及身份威胁感（刘嫦娥和戴万稳，2012）。还会让他们怀疑自身努力和贡献未得到尊重，对组织发展存在的意义不大，从而降低员工对组织发展的内在动机。有关创新研究表明，破坏性领导会降低员工创新内在动机——个体参与活动和实施某项行为是出于爱好、兴趣，而非外在压力和报酬，从而负面影响员工创新（Deci & Ryan，1980）。内在动机对员工创新具有促进作用，即员工内在动机越强，越可能打破陈规，接受挑战性工作，并提出创新建议和策略（Yuan & Woodman，2010）。乔治等（George et al.，2001）研究也指出内在动机是影响员工创新的重要心理因素，逐渐引起学者和组织管理者的重视。谢莉等（Shalley et al.，2009）研究表明情感事件对创新的影响是通过内在动机对员工产生作用，而内在动机对员工的影响具有直接效应。

另外，泰珀等（Tepper et al.，2007）研究也表明破坏性领导会降低员工工作满意度并使其产生离职意图、损害员工工作效能感和自尊感，从而降低工作的内在动机。有研究表明上级无礼行为会使员工体验到沮丧、焦虑和情绪衰竭，对工作产生倦怠（Scott & Bruce，1994）。从社会认知视角看，不良的心理状态和感知，会降低遭受上级无礼行为的员工对工作的兴趣，从而使员工创新的内在动机急剧下降（Amabile，1988）。综上所述，我们提出如下假设：

假设 9　上级无礼行为与员工创新具有负向关系。

4.2.2.2　员工敌意认知的中介效应

敌意认知作为一种负面认知，对员工行为具有消极影响（Eckhardt et al.，2004）。科尔蒂纳等（Cortina et al.，2013）指出敌意认知会降低员工归属感、心理安全感和对上级的认同感，员工往往会投入更多的资源应对上级无礼行为，以保护自身利益和地位，从而减少对创新的投入。因此，敌意认知对员工的创新行为和创新意愿会产生负面影响。

根据社会认知理论，员工对上级行为的回应往往依赖于对行为的心理认知和评价过程（Cervone & Shoda，1999）。领导行为被认为是工作场所的重要情境因素，对员工行为具有促进或抑制作用。而上级无礼行为属于破坏性的领导方式，是工作情境的重要压力源。马茨等（Mawritz et al.，2014）研究指出上级无礼行为容易引发工作场所敌意氛围，导致组织人际关系僵化甚至恶化，从而使员工更倾向于将上级无礼行为诠释为敌意举动而非绩效引导。同时，米勒等（Miller et al.，2012）指出个体认知资源或心理能量是有限的，一旦个体对事件的认知加工活动所需资源总量超过个体现有资源总量，就会引起个体认知资源分配不足，从而影响个体行为及绩效。因此，在应对上级无礼行为时，员工会消耗更多甚至超过个体现有心理认知资源对其进行编码和解释，从而减少他们对创新投入的资源。霍夫曼等（Hofmann et al.，

2012）实证研究也表明个体认知评价结果本质上是对自我身份的归类，敌意认知会使员工"圈内人"身份感丧失，从而降低工作创新的内在动机，减少创新投入。另外，安德森等（Anderson et al.，2002）提出的一般攻击模型（general aggressive model）指出，输入变量较少直接对人的行为产生影响，往往以个体内在认知过程为中介。因此，我们推断上级无礼行为作为一个输入变量，可能完全通过敌意认知影响员工创新。基于上述论述，我们提出如下假设：

假设 10 员工敌意认知在上级无礼行为对员工创新的影响中起完全中介作用。

4.2.2.3 员工控制点的调节作用

控制点最早由罗特（Rotter，1990）提出，并将其定义为个体相信自己可以掌控生活中所发生事件的程度。它通常被认为是一个连续体——两端分别是低控制点和高控制点，是一种稳定的人格特质。低控制点个体认为他们无法控制事件和行为的发展方向与结果，往往将行为和事件结果归因于外在因素，如命运、机会、环境等，因此，容易对外界产生敌意情绪。相反，高控制点个体会将事件和行为结果归因于他们自身的行为和决策（Rego et al.，2012），因此，他们不抱怨他人而心生怨恨。唐等（Tong et al.，2006）研究表明，低控制点个体具有高神经质、高压力知觉等特征，更容易产生倦怠及焦虑情绪，导致心理健康水平下降。另一方面，布莱克（Black，1990）指出高控制点个体具有高适应性和强责任心等特征，面对困难时，更愿意主动搜寻信息、努力改变现状，能胜任开创性及独立性工作，不容易受压力和焦虑的困扰，具有较高的心理健康水平。因此，我们认为相较于低控制点员工，高控制点员工遭受无礼行为时，更倾向于积极归因，从而缓解上级无礼行为对敌意认知间的正向关系。与之相反，低控制点员工在面对压力事件时，如上级无礼行为，认为自己不具备控制能力，更多采用否认、退避的应对方式，表现更为被动，上级无礼行为会加剧他们的敌意归因，从而进一步强化上级无礼行为与敌意认知的正向关系。因此，我们提出如下假设：

假设 11　员工控制点在上级无礼行为与员工敌意认知关系间起负向调节作用。也就是说，当员工控制点水平较低时，上级无礼行为与员工敌意认知之间的正向关系更强；当员工控制点水平较高时，上级无礼行为与员工敌意认知之间的正向关系更弱。

假设 9 与假设 10 阐述了敌意认知在上级无礼行为和员工创新间的中介作用，假设 11 阐述了控制点在上级无礼行为和敌意认知间的调节作用，遵循上述假设的逻辑及中介和调节作用的相关研究，本研究提出一个有中介的调节模型，即敌意认知的中介作用受到控制点的调节。基于社会认知理论的视角，遭受上级无礼行为的员工很可能会产生敌意认知，从而减少创新投入。然而，控制点作为一种稳定的个体特质，很可能在敌意认知的间接效应中起调节作用。具体来说，高控制点员工会弱化上级无礼行为通过敌意认知影响员工创新的负向关系，低控制点员工会强化上级无礼行为通过敌意认知影响员工创新的负向关系。因此，我们提出如下假设：

假设 12　员工控制点调节了上级无礼行为通过敌意认知影响员工创新的间接作用。也就是说，当员工的控制点较高时，敌意认知的中介作用更弱；当员工的控制点较低时，敌意认知的中介作用更强。

综上所述，本研究推断的理论模型如图 4 - 3 所示。

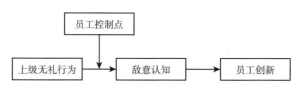

图 4 - 3　上级无礼行为对员工创新影响的理论模型

4.2.3　研究方法

4.2.3.1　研究对象

本研究样本数据主要来自湖南、广东、广西三省区 8 家企业员工。本研究采用现场调查和电子问卷的形式共发放 426 份问卷，回收 388 份，并将问卷中空白过多、选择倾向过于单一的无效问卷剔除，获得有效问卷为 317 份，有效问卷率达 74.4%，有效问卷样本的人口统计学信息如表 4 – 4 所示。

表 4 – 4 　　　　　　　　　　　有效问卷样本的基本信息统计

名称	类别	数量（人）	百分比（%）
性别	男	152	47.90
	女	165	52.10
学历	高中以下	35	11.04
	大专	51	16.10
	本科	169	53.31
	硕士以上	62	19.55
年龄	30 岁以下	202	63.72
	31～40 岁	52	16.42
	41～50 岁	45	14.19
	50 岁以上	18	5.67
职位	一般员工	242	76.34
	基层管理	41	12.93
	中层管理	26	8.20
	高层管理	8	2.53
职业	生产人员	48	15.14
	销售人员	73	23.02
	客服人员	45	14.19
	财务人员	49	15.45
	其他	102	32.20

4.2.3.2　测量工具

本研究为确保测量工具的一致性和可靠性，采用国内外应用成熟的量表，并结合国内情境和企业实际进行适当修订。所有量表均采用李克特 5 点计分，让受访者对自身和他人行为表现评分,计分方式从"非常不同意"到"非常同意"依次计 1 ~ 5 分。本研究所有量表的阐述和说明如下:

上级无礼行为。该量表的测量采用科尔蒂纳等(Cortina et al.,2001)开发的工作场所无礼行为量表,并根据实际测量群体进行适当修订。量表包括 7 个题项,示例条目如"上级轻视我或用高高在上的态度对待我""上级用含有轻蔑、粗鲁或贬低的语言评论我""上级私下或公开场合中使用不恰当的用语称呼我"等。本研究中上级无礼行为量表内部一致性系数为 0.937。

员工创新。该量表的测量采用斯科特等(Scott et al.,1994)开发的员工创新量表,并根据实际测量群体进行适当修订。量表包括 6 个题项,示例条目如"我总是寻求应用新的流程、技术与方法""我经常提出有创意的点子和想法""我经常与别人沟通并推销自己的新想法"等。本研究中员工创新量表内部一致性系数为 0.920。

控制点。该量表的测量采用贾奇等(Judge et al.,1998)开发的量表,根据国内企业实际和测量群体进行适当修订,量表为单一维度,包括 8 个题项,示例条目如"是否能成为领导主要取决于我的个人胜任能力""我的命运如何取决于我的自身行动""我通常能维护我个人的正当利益"等。本研究中个体控制点量表内部一致性系数为 0.969。

敌意认知。该量表的测量采用巴斯和佩尔(Buss & Perry,1992)开发的攻击性量表中的敌意认知维度,并根据实际测量群体进行适当修订,包括 6 个题项,示例条目如"不知为何有时我看待工作任务很消极""有时我会觉得上级待我不公平"等。本研究中量表的内部一致性系数为 0.815。

控制变量。根据以往相关研究,员工的性别、年龄、职业、学历等基本信息变量对员工行为都会产生不同程度的影响,为保障研究结果的准确度和科学性,本研究将这些基本信息变量进行控制。

4.2.4 数据分析与假设验证

本研究采用 SPSS 21.0 和 MPLUS 7.0 统计软件对数据进行处理。步骤如下：第一，检验量表的信效度及数据的共同方法偏差变异；第二，对数据进行描述性统计及相关分析；第三，借鉴温忠麟等（2006）关于有中介的调节效应检验程序和步骤，分析员工敌意认知的中介作用和员工控制点的调节效应；第四，通过 SPSS PROCESS 宏程序，采用 Bootstrap 方法求置信区间，进一步检验有中介的调节效应。

4.2.4.1 描述性统计与相关分析

从表 4-5 相关分析可知，上级无礼行为与员工创新具有显著负相关关系（$\gamma = -0.259$，$P < 0.01$），上级无礼行为与敌意认知具有显著正相关关系（$\gamma = 0.657$，$P < 0.01$），而敌意认知与员工创新存在显著负相关关系（$\gamma = -0.302$，$P < 0.01$），从变量相关关系分析结果可初步验证假设 9。表 4-5 相关分析尚未考虑控制变量对结果产生影响，为保障分析的科学性和准确性，接下来对数据进行同源方差检验和信效度分析。

表 4-5 变量描述性统计与相关分析

变量	均值	标准差	1	2	3
1. 上级无礼行为	2.477	0.897			
2. 敌意认知	2.629	0.721	0.657**		
3. 员工控制点	3.194	1.138	-0.350**	-0.282**	
4. 员工创新	2.798	0.933	-0.259**	-0.302**	0.264**

注：*** 表示 $P < 0.001$；** 表示 $P < 0.01$；* 表示 $P < 0.05$；下同。

4.2.4.2 共同方法偏差检验

本研究数据源于问卷调查，每份问卷数据均由同一被试者提供，虽然调查过程中注重匿名性和保密性，但也可能存在共同方法偏差问题。因此，为保障研究结果的科学性，本研究采用 Harman 单因素检验的方式，对数据进行分析。根据周浩和龙立荣（2004）的研究结论，运用探索性因素分析法，对所有变量进行未旋转的主成分分析，根据析出的因子数或公因子解释量大小判断共同方法偏差。本文数据检验结果共析出 4 个特征值大于 1 的公因子，且第一个因子解释的变异量为 36.95%，低于建议值 50%，表明本研究的共同方法偏差问题不严重。

4.2.4.3 信度和效度分析

使用 SPSS 21.0 统计分析软件对本研究中上级无礼行为、敌意认知、控制点和员工创新量表进行信效度分析，结果如表 4 - 6 所示，各量表 Cronbach's α 系数均大于 0.80，KMO 值均大于 0.80，Bartlett 球形检验结果均显著且累积方差均大于 50%，说明信效度良好。

表 4 - 6   各量表的信效度分析结果

变量	Cronbach's α 系数	KMO 值	累积解释方差（%）
上级无礼行为	0.937	0.939	72.59
敌意认知	0.815	0.869	52.08
员工控制点	0.969	0.943	82.33
员工创新	0.920	0.919	71.56

本研究采用 MPLUS 7.0 软件对所有测量题项，即 4 个设定因子研究模型进行验证性因子分析，结果显示 4 个因子均高于 0.5 的最低负荷系数值，没有产生交叉载荷，具有统计意义。4 个因子模型验证性因子分析拟合指数为：$\chi^2/df = 1.623$，小于 4；RMSEA = 0.044，小于 0.08，CFI = 0.971，IFI = 0.971，TLI = 0.968，均大于 0.9。依据拟合优度指数判断，本研究量表具有很好的结构效度。

4.2.4.4 假设检验

敌意认知的中介作用。表 4 - 7 中的模型 4 显示上级无礼行为对员工创新存在负相关关系（β = -0.243，P < 0.001），解释变异量增加了 5.8%（P < 0.01），假设 9 成立。根据 BARON 和 KENNY 的判断方法，中介效应需满足

以下三个条件：第一，自变量与因变量及中介变量存在显著影响；第二，中介变量对因变量存在显著影响；第三，自变量与中介变量同时代入回归方程解释因变量时，中介变量的效应显著且自变量的效应消失（完全中介效应）或减弱（部分中介效应）。由模型 2 表明上级无礼行为系数显著（β = 0.647，P < 0.001），可知上级无礼行为对敌意认知存在显著正向影响；模型 5 表明在控制其他变量影响后，员工敌意认知可以解释员工创新 7.7% 的变异，可知敌意认知与员工创新具有负相关关系（β = -0.284，P < 0.001）；在模型 4 基础上，模型 6 同时加入上级无礼行为与敌意认知两个变量，结果显示，敌意认知系数显著（β = -0.216，P < 0.01），但上级无礼行为对员工创新影响的系数显著性消失（-0.103，P > 0.05），由此表明，敌意认知在上级无礼行为与员工创新之间具有完全中介作用，假设 10 成立。

表 4 - 7　　　　　　　　　　　　敌意认知的中介作用

变量类型		敌意认知（HC）			员工创新（EI）		
		模型 1	模型 2	模型 3	模型 4	模型 5	模型 6
控制变量	性别	-0.185	-0.159	0.130	0.120	0.078	0.086
	年龄	0.016	0.014	0.128	0.129	0.133 *	0.132 *
	学历	0.039	0.037	0.080	0.080	0.091	0.089
	职位	0.137	0.075	-0.315 **	-0.292 **	-0.276 **	-0.275 **
	职业	-0.057	-0.008	0.033	0.015	0.017	0.013
自变量	SI		0.647 ***		-0.243 ***		-0.103
中介变量	HC					-0.284 ***	-0.216 **
	F	2.169	41.391	3.452	6.418	7.748	6.972
	R^2	0.034	0.445	0.053	0.111	0.130	0.136
	ΔR^2	0.034	0.411 ***	0.053 **	0.058 ***	0.077 ***	0.025 ***

注：SI 代表上级无礼行为，HC 代表敌意认知，EI 代表员工创新，下同。

上述中介变量检验主要是采用依次检验的方法验证敌意认知的中介作用，但最新相关研究指出该种方法科学性和准确性还有待考证，因此为确保研究结果的科学性，本研究采用蒙特卡罗法对敌意认知中介作用继续进行检验。

分析结果显示敌意认知的间接效应为 -0.140，置信区间是（-0.356，-0.076），不包括 0，可知敌意认知在上级无礼行为与员工创新间的中介效应显著。

控制点的调节作用。首先，检验员工控制点在上级无礼行为与敌意认知间的调节作用，将变量数据进行标准化处理，采用回归分析的方法检验。如表 4 - 8 模型 7 所示，上级无礼行为对敌意认知存在显著正相关关系（β = 0.626，P < 0.01），模型 8 加入上级无礼行为与员工控制点交互项后，交互系数显著（β = -0.092，P < 0.05），且 ΔR^2 = 0.007（P < 0.001），表明员工控制点在上级无礼行为与敌意认知关系间起负向调节作用，假设 10 得到验证。

表 4 - 8 员工控制点的调节作用

变量类型		敌意认知（HC）		员工创新（EI）		
		模型 7	模型 8	模型 11	模型 12	模型 13
控制变量	性别	-0.163	-0.155	0.132	0.144	0.109
	年龄	0.010	0.008	0.144 *	0.141 *	0.142 *
	学历	0.040	0.038	0.071	0.069	0.077
	职位	0.076	0.094	-0.293 ***	-0.262 **	-0.241 **
	职业	-0.009	-0.012	0.017	0.011	0.009
自变量	SI	0.626 ***	0.626 ***	-0.173 **	-0.173 **	-0.033
调节变量	LC	-0.060	-0.031	0.201 ***	0.247 ***	0.240 ***
交互项	SI × LC		-0.092 *		-0.149 **	-0.170 **
中介变量	HC					-0.223 **
	F	1.757	4.163	12.666	7.061	10.260
	R^2	0.448	0.455	0.146	0.165	0.192
	ΔR^2	0.003 ***	0.007 ***	0.035 ***	0.019 **	0.027 **

注：LC 代表员工控制点，SI × LC 为上级无礼行为与控制点交互项。

其次，检验员工控制点调节上级无礼行为通过敌意认知影响员工创新的间接效应。依据温忠麟等（2006）提出"有中介的调节效应"的检验步骤，即"先检验调节效应，然后检验中介效应"来判断员工控制点在上级无礼行为通过敌意认知影响员工创新的间接效应。具体检验步骤：先检验员工控制点是否调节上级无礼行为与员工创新间的关系，结果显示，控制点与上级无礼行为交互项系数显著，即员工控制点在上级无礼行为与员工创新关系间具有调节效应（β = −0.149，P < 0.01，见表4 −8模型12）；然后检验员工控制点是否调节上级无礼行为与敌意认知间的关系，结果显示，控制点与上级无礼行为交互项系数显著，即员工控制点在上级无礼行为与敌意认知关系间具有调节效应（β = −0.092，P < 0.05，见表4 −8模型8）；再检验敌意认知在上级无礼行为对员工创新关系间的中介作用，结果表明，敌意认知系数显著（β = −0.223，P < 0.01，见表4 −8模型13）。因此，员工控制点在上级无礼行为通过敌意认知影响员工创新的间接作用中起调节效应，即假设4得到支持。

为进一步分析是否存在有中介的调节效应，本研究根据爱德华兹和兰伯特（Edwards & Lambert，2007）建议，运用SPSS PROCESS 宏程序，对数据进行5000次重复数据抽样，报告间接效应和INDEX 指标。采用Bootstrap 方法得到员工控制点均值加减一个标准差下的条件间接效应。如表4 −9所示，在低值和高值控制点下，上级无礼行为通过敌意认知影响员工创新的间接效应分别为 −0.233（置信区间 [−0.226，−0.065]）和 −0.180（置信区间 [−0.282，−0.088]），置信区间不包含0，表明在员工控制点调节作用下，上级无礼行为通过敌意认知影响员工创新的间接效应显著。然而，由于调节变量高低值调节间接效应均显著，仅依靠条件间接效应分析难以判断是否存在有中介的调节作用，因此，需进一步运用PROCESS 程序得到有中介的调节效应显著性判定指标INDEX 值，由表4 −9中数据可知，员工控制点对上级无礼行为影响员工创新的间接关系存在调节效应的INDEX 指标为0.062（置信区间 [−0.261，−0.049]），置信区间不包含0。因此，员工控制点在上级无礼行为与员工创新的间接效应中具有调节作用。假设11得到验证。

表4-9   有中介的调节分析结果

调节变量 员工控制点	上级无礼行为（X）→敌意认知（M）→员工创新（Y）							
	条件间接效应				有中介的调节效应			
	效应	标准误差	上限	下限	INDEX	标准误差	上限	下限
高控制点	-0.180	0.049	-0.282	-0.088	0.062	0.011	-0.261	-0.049
低控制点	-0.233	0.040	-0.226	-0.065				

为更加形象表达和说明员工控制点在整个模型中的调节效应，本研究根据艾肯等（Aiken et al.，1991）提出的绘制方法和程序，绘制了员工控制点在上级无礼行为与员工创新关系间的调节图。通过这幅图可看出高控制点（M+1SD）和低控制点（M-1SD）对敌意认知的影响程度。具体结果如图4-4所示，员工控制点并没有能够改变上级无礼行为对敌意认知的正向关系。但员工控制点却能够调节他们间的关系，相对于低控制点员工，高控制点员工较能够缓解上级无礼行为对敌意认知的正向作用，即控制点越高，越能弱化上级无礼行为对敌意认知的正向影响，因此，结果支持假设3。

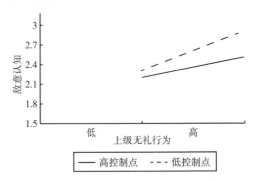

图4-4 员工控制点对上级无礼行为与敌意认知关系的调节效应

4.2.5 研究结论与总结

本研究聚焦于上级无礼行为对员工创新的影响机制，尤其是研究敌意认知的中介作用及员工控制点的调节作用，研究发现：首先，上级无礼行为对员工创新具有负向影响，对员工敌意认知具有正向影响；其次，敌意认知在

上级无礼行为与员工创新关系间起完全中介作用；再次，员工控制点在上级
无礼行为与敌意认知的关系中起负向调节作用，即员工控制点水平越高，上
级无礼行为对员工敌意认知的影响越弱，员工控制点水平越低，上级无礼行
为对员工敌意认知的影响越强；最后，员工控制点在上级无礼行为通过敌意
认知影响员工创新的间接关系中发挥了调节作用。

4.2.5.1 理论贡献

本研究对组织行为领域有四个方面的理论贡献。第一，将上级无礼行为
从工作场所无礼行为中分离出来，并对其影响效果进行分析。近年来对工作
场所无礼行为的研究主要聚焦于多来源的实施者即将来自上级、同事及下属
的无礼行为混合起来考虑影响后果，由于实施者与受害者的关系不同，整合
的研究结果不能准确反映情况（Andersson & Pearson，1999）。另外，还有研
究表明上级与同事偏差行为引发的后果是有所不同的，因为上级是下级获取
各种资源的守门员，上级无礼行为相较于同事、下级的无礼行为对雇员的影
响效应更大（Hershcovis et al.，2017）。因此，很有必要将上级无礼行为分离
出来进行探讨。

第二，探讨了上级无礼行为与员工创新的关系。以往研究大多聚焦于积
极型领导对员工创新的影响，较少研究消极领导行为对员工创新的作用。尽
管有少量研究探讨了破坏性领导如暴君行为、毁害型领导、辱虐管理等对员
工创新的影响（Porath & Erez，2007；Anderson & Bushman，2002），但国内
外研究表明工作场所中来自上级的破坏性领导行为普遍表现为程度较轻微的
无礼行为（Cortina et al.，2001；王淑星，2013），这种情况在强调中庸、和
谐的中国情境下尤甚，因此本研究探讨上级无礼行为与员工创新间的关系具
有重要的理论意义。结果表明，上级无礼行为对员工创新具有负向影响，当
员工遭受上级无礼行为频次越高时，他们创新的主动性和意愿会越低。这一
结论与以往研究结果相一致（Porath & Pearson，2012）。通常，下级会通过上
级对待其自身的行为方式和态度来判断自身在组织中的地位和价值。以轻视、

粗鲁、贬低和漠视为特征的上级无礼行为使得员工颜面扫地，让其丧失"圈内人、主人翁"的角色认知，从而不愿为组织发展投入更多创新资源。

第三，探讨了敌意认知在上级无礼行为与员工创新间的中介作用。本研究表明敌意认知在上级无礼行为与员工创新关系间起完全中介作用，上级无礼行为通过影响员工敌意认知，从而作用于员工创新。科尔蒂纳等（Cortina et al.，2001）研究表明破坏性领导对员工产出有负面影响，但对其相关作用机制并未详细剖析，如个体特质在作用过程中是否发挥作用。本研究基于社会认知理论，将个体认知纳入模型中，遭受上级无礼行为的员工，往往将其释义为挑衅、威胁的敌意举动，为维护自身利益、免受伤害或报复上级，下级会弱化工作创新的内在动机，减少创新投入。同时，我们的模型将上级无礼行为文献与敌意认知文献相结合，探讨这两个变量的内在关系，这对学术界和管理实践者全面深入理解工作场所中个体情绪变化具有重要意义。

第四，探讨了员工控制点在上级无礼行为通过敌意认知影响员工创新的间接关系中的调节作用。本研究表明，高控制点水平的个体遭受上级无礼行为时，更能控制自身的情绪和行为，并认为上级实施无礼行为是自身原因所造成的，所感知到的敌意认知较少，倾向于通过建设性方式回应上级无礼行为，从而对员工创新所产生的负面效应较弱；低控制点水平的员工倾向于依赖组织资源和管理者，自身情绪和心理反应易受外界因素影响，遭遇上级无礼行为时较少对自身认知进行调节和修正，从而感知的敌意认知较强，因此负面影响员工创新。以往对领导行为结果效应的研究多集中于自恋、自我效能感、责任感等变量的调节作用，很少关注控制点，且较少结合消极领导行为进行探析，本书在一定程度上拓展了领导行为研究的诺莫网络。

4.2.5.2 管理启示

我们的研究结论表明上级无礼行为对员工及组织会带来负面影响，因为员工对上级无礼行为这一工作场所负面事件产生敌意认知，从而不太愿意对工作进行创新。同时我们的研究还表明在应对上级无礼行为时，员工的个性特征如控制点也起着非常重要的作用。基于此，我们为人力资源管理实践者提供两点启示：第一，倡导相互尊重、相互体谅的工作场所氛围，建立对无礼行为的零容忍机制。为了降低对组织的损失，最直接的方法就是减少上级无礼行为的发生，营造一种友好的工作场所氛围。根据社会认知理论，如果旁观者评价上级无礼行为没有受到组织惩罚，便会模仿上级行为，使得上级无礼行为产生渗透效应引发无礼行为弥漫于整个组织中，对组织产生严重后果。因此组织一定要对上级无礼行为采取零容忍态度，防止"星星之火"呈燎原之势。第二，要重点关注低控制点员工。低控制点员工对上级无礼行为产生更强的敌意认知从而降低工作创新。

因此，人力资源管理者实践者要从如下三个方面着手：一是预防他们成为上级无礼行为的受害者。通过培训及员工帮助计划，提高他们的社会和政治技能，提升从事印象管理的能力，从而避免成为上级无礼行为实施的对象。二是帮助他们以有效的方式来应对上级无礼行为。通过培训来提高低控制点员工掌控外界事物的能力，对工作环境中发生的事情进行内归因，从而引导他们从积极方面评价上级无礼行为，比如将上级无礼行为诠释为为了提高自己的工作绩效，或者解释为上级之所以对自己进行无礼行为，是因为自身方面存在不足，从而减少敌意认知。三是严把招聘关将低控制点员工挡在入口处。在人才甄选环节，重业绩更要重应聘者的个性特征，如控制点，从源头上杜绝低控制点员工进入企业。

4.2.5.3 研究局限性与展望

本研究具有以下局限性：第一，仅收集横截面数据，忽视了时间效应对变量关系的影响，难以检验上级无礼行为对敌意认知和员工创新的动态影响。但我们的假设模型的直接效应与研究结论一致，即领导行为可作为个体创新的预测变量，并与组织中阴暗面领导的研究结论相一致（Cortina et al., 2001；Scott & Bruce, 1994）。未来研究者可采用时间序列设计，通过经验取样法或现场实验法收集横纵向数据，将更准确把握变量之间的关系。第二，采用单一来源的数据测量方式，结论易受共同方法偏差的影响（Podsakoff et al.，2012）。本研究采用员工自评的方式获得员工创新数据，但员工很可能会考虑自身社会称许性（social desirability）问题，在填答中有所保留，而他评的方式很可能会更真实还原员工创新的本质。因此，未来研究可采用多源或增强保密措施的方式，提高数据科学性及避免受同源误差的影响。第三，研究变量有待进一步扩展。大量研究表明员工个性特质对领导行为回应具有显著影响（Cortina et al.，2013）。本研究仅证明了员工控制点对领导行为回应的影响，尚未将诸多个性特质变量进一步研究，如情绪稳定性、个人能力和竞争力的动机特质等，都是值得深入研究的问题。

第 5 章
上级无礼行为对团队工作结果
涓滴效应研究

5.1 问题提出

常见的上级无礼行为包括不信任、不公评价、冷漠对待等。相较于其他不当领导行为（侵犯行为、辱虐管理等），上级无礼行为更多表现出的是一种临时性的、偶然性的行为，并且实施过程不存在肢体冲突，表现出伤害意图模糊、程度轻微的特征，因而属于职场"冷暴力"范畴。泰珀（Tepper，2007）指出，破坏性领导对13.6%的美国工人及其组织产生十分严重的消极影响，导致每年的经济损失达238亿美元以上。李澄锋等（2013）对中美组织领导破坏性行为进行比较发现，中国的均值高于美国。2009年智联招聘对1万多名职场人士调查结果显示，超70%员工曾遭受或正遭受职场精神虐待，而实施者有70.1%来自上司，并且该项指标呈上升趋势。相较于西方国家，中国是一个强调儒家文化的礼仪之邦，重视"和谐""中庸""面子"，领导对下属的破坏性行为更容易表现为没有明显伤害意图的无礼行为，而不是辱虐管理。辱虐管理是指下属对领导持续的非身体接触暴力敌对行为的感知，如嘲弄奚落、公开大声责骂、刻意冷落等（Tepper，2007；Catherine et al.，2017）。上级无礼行为对组织和个人会造成如此严重的消极影响，并普遍存在于职场中，这无疑是给当前职场管理者敲响了警钟。如何预防上级无礼行为及阻断上级无礼行为在企业中的涓滴效应，应成为学术界和实务界亟待探究的前沿问题。

在经济动态变化以及现代企业制度改革的背景下，以团队为创新基本单位来实现组织目标已成为趋势，引领和提高团队工作有效性已是组织管理者亟待解决的问题（Chen et al.，2011）。但迄今为止，上级无礼行为主要聚焦于员工行为、情绪及态度结果变量的研究，例如，工作满意度、组织承诺、消极怠工、情绪耗竭等。虽然已有少数研究从团队视角探讨上级无礼行为（Sharifirad，2016），但仅局限于遭受上级无礼行为的团队员工对领导行为的反应，例如，道德行为（Hannah et al.，2013）、个体任务绩效及助人行为（Peng et al.，2014）等，并未深入探讨遭受上级无礼行为的团队员工针对团队的反应如团队创造力及团队效能等。因此，上级无礼行为研究需进一步明确在组织情境下，上级无礼行为如何影响团队工作结果。此外，根据涓滴效应机理，高层管理者的不良行为可以通过涓滴对低 2 个层级的下属或家人产生影响。例如，上级 A 对 B 实施无礼行为，受害者 B 实施报复转移，寻找权力较少者 C 实施无礼行为。同样，C 可能也将无礼行为转移至权力更少者 D（刘嫦娥，2012）。在组织情境下，社会学习理论用来解释组织成员行为迁移，认为个体绝大多数行为是通过观察上级行为或榜样示范行为获得（Bandura，1977）。经理作为组织领导者，是团队的直接上级，是资源的守门员，团队主管很可能会效仿经理无礼行为，并将无礼行为应用于团队管理过程中，从而对团队造成影响。因此，本研究将经理无礼行为作为主管无礼行为的前因变量，探讨无礼行为在管理层间的涓滴效应，拓展了无礼行为在管理者间的微观作用机理。再者，根据社会认知理论，个体态度和行为反应取决于个体对输入信息的认知评价。已有相关研究指出，个体认知因素作为行为的驱动因素，与员工的行为和反应具有相关关系（顾远东等，2014；Madrid et al.，2016）。当团队遭受上级无礼行为时，团队成员很可能会产生情绪耗竭、沮丧、愤恨等消极情绪，从而影响团队行为反应。因此，本研究将主管无礼行为和团队心理安全感作为经理无礼行为与团队工作结果间的中介变量，探讨经理无礼行为依次如何通过主管无礼行为和团队心理安全感影响到团队工作结果。为更全面分析个体特质在经理无礼行为涓滴过程中发挥的作用，本研究还考察了主管对经理无礼行为的动机归因具体如何在经理无礼行为与团队心理安全感间起调节作用。尽管有研究证实了动机归因在破坏性领导与员工工作结果之间的调节作用，但未进一步将这种调节作用扩展至团队层面，以及深入分析具体作用机制。为此，本研究认为动机归因在经理无礼行为和团队心理安全感间的调节作用是通过主管无礼行为的中介作用实现的，进一步揭示了动机归因发挥调节作用的内部机制。

5.2　假设推导

5.2.1　经理无礼行为与团队创造力及团队效能

经理无礼行为主要通过影响团队成员创造力和团队互动行为规范对团队创造力产生消极影响。社会认知理论指出：个体信念是影响行为的内部激励因素，除非个体相信能够通过自身的行为努力达到所预想的结果，否则，个体将会缺乏行动的动力（Bandura，1986）。经理作为团队间接领导者，团队成员会通过观察领导行为来获取有关自身在组织中的信息（Jian et al.，2012）。当团队成员或团队主管频繁遭受经理无礼行为时，如漠视、讥讽、嘲笑等（Tepper，2007），会产生沮丧、焦虑和情绪耗竭等负面情绪（Sharifirad，2016），从而抑制团队成员产生创新想法的内在动机，不利于团队成员创造力形成。另外，阿尔耶等（Aryee et al.，2007）认为遭受上级无礼行为的下级，会认为自身努力和贡献受到了组织或领导的否定，从而降低了创新投入和参与的内在动机，甚至放弃创新行为。鉴于团队成员创造力是团队创造力的基础和关键起点（Zhou & Shalley，2007），经理无礼行为会弱化团队成员创造力，最终影响团队整体创造力。

另外，经理无礼行为会在组织或团队中引发敌意氛围，导致产生负面互动的行为规范，从而抑制团队创造力。社会学习理论认为个体绝大多数行为是通过观察榜样的示范行为而产生（Bandura，1986）。在高权力距离的文化背景下，员工更倾向于效仿上级行为，并将此行为应用于日常交际中（Mitchell & Ambrose，2007）。当团队大部分成员效仿无礼行为并实施时，会导致团队内部形成负向互动规范，并随团队成员效仿程度和范围的扩大得到强化（Farh & Chen，2014）。团队创造力源于个体创造力的社会化基础，即团队成员对创造力的讨论和处理加工（Mumford & Gustafson，1988）。而负向互动规范会引发团队内部相互对抗、恶性竞争，破坏内部的信任和团结，在很大程度上会抑制个体创造力的社会化进程（Farh & Chen，2014）。此外，有研究还指出，敌意氛围下团队成员不愿为组织或团队发展付出更多的角色外行为，甚至进行隐性破坏，消极影响团队创造力（Chen et al.，2011）。因此，基于上述分析，我们提出以下假设：

假设1　经理无礼行为与团队创造力显著负相关。

团队效能是指团队实际产出达到预期产出的程度，用于对比团队运行的实际结果与预期结果（陈伟、杨早立和郎益夫，2015）。团队效能表现为团队成员具备实现特定任务目标能力的共同信念，根据社会认知理论，任务技能、言语劝说和资源投入是影响自我效能的重要因素（Bandura，1986）。虽然部门经理并非团队的直接领导者，但本研究中我们推测部门经理也会通过以下三个方面对基层团队效能感产生跨级影响：第一，遭受或体验经理无礼行为的团队成员出于风险规避考虑，会在团队讨论或活动参与过程中畏于展现自己，甚至会报复经理或组织，消极应对同事或上级的积极行为，抑制团队发展和成长，包括团队学习和互助、团队协作、信息共享等，阻碍团队成员获得实现团队效能的任务技能（Priesemuth et al.，2014）。此外，工作自豪感对促进团队绩效和满意度有积极作用（Peng et al.，2014）。经理无礼行为会挫败团队工作成员积极性，消耗团队资源，降低团队完成工作的自豪感、满意度及合作意愿，负面影响上下级间的关系质量，阻碍信息和资源在上下级间流动的效率，不利于团队成员获得完成团队任务的任务技能。第二，经理对团队实施无礼行为典型表现为在言语上质疑团队业务能力、对团队绩效不公评价、用命令式口吻指挥团队等，通过负面的言语劝说对团队施加压力或传递不满，认为团队无法完成团队任务目标，阻碍团队成员对团队效能的正确认知或降低团队完成任务的主动性（Priesemuth et al.，2014）。第三，经理无礼行为会减少基层团队成员对工作的资源投入。高权力文化背景下，遭受高层领导者无礼行为的团队将更多资源投入团队与经理关系修复或对上级报复中，从而减少对完成相关任务资源的投入度，降低团队效能（Lian et al.，2014）。此外，减少对基层团队资源投入是经理实施无礼行为的重要手段（Liu et al.，2012）。当部门经理对基层团队不满或故意刁难时，更多会选择利用资源守门员的权力，遏制团队主管或团队得到完成任务的资源和信息，破坏团队工作秩序和氛围，降低团队完成任务的能力和效率。基于上述分析，我们提出以下假设：

假设 2　经理无礼行为与团队效能显著负相关。

5.2.2　主管无礼行为和团队心理安全感的链式中介作用

组织情境下，社会学习理论可以用来解释组织成员行为迁移，组织成员通常会通过观察和模仿榜样或权威人士行为，以使自身行为适应组织情境或团队情境。首先，个体会根据信息加工，模仿那些能产生积极效果的行为。戈德斯坦（Goldstein，1986）研究表明个体可能模仿组织权力或等级更高者的行为（包括偏差行为），主管会通过观察经理行为获得社会行为。当经理频繁实施无礼行为却未遭组织干预或惩处时，主管很可能将经理无礼行为释义为组织鼓励、认可的行为，并倾向于模仿经理行为，应用于直接领导的团队或员工管理中（Priesemuth et al.，2014）。其次，个体更可能效仿能够吸引他们注意并要求记忆的榜样行为，这意味着团队主管可能观察和模仿他们直接上级行为。部门经理作为团队主管直接上级，他们之间的联系和交流较多，团队主管更可能会注意他们的直接上级，并且去观察他们的直接上级和从他们身上获得恰当行为的信息（Tepper et al.，2015）。最后，下级通常会模仿权威人物行为（Peng et al.，1997）。根据组织结构体系，部门经理对团队具有合法的管辖和领导权，掌握团队人员晋升、奖惩权力，是团队资源的守门员，因此，常被团队主管和团队成员视为组织中的权威人物。在组织中，权威人物的行为和态度被认为是可信和正确的，一般会成为下级模仿的对象。综合以上分析，社会学习理论认为较低等级的下级向他们直接上级寻求行为表现的信息，并倾向模仿他们的上级行为。因而在组织中，如果团队主管看到直接上级，即部门经理实施无礼行为，他们很可能也会做出相似的行为。因此，根据假设 1 与假设 2 分析逻辑，经理无礼行为与团队创造力及团队效能存在负向关系，而团队主管会效仿部门经理无礼行为，并将无礼行为应用于团队管理中。基于上述分析，我们提出以下假设：

假设 3　主管无礼行为在经理无礼行为与团队创造力间发挥中介作用。

假设 4　主管无礼行为在经理无礼行为与团队效能间发挥中介作用。

团队心理安全感作为团队成员评估团队内人际冒险安全的重要指标，对团队创造力形成具有重要影响。根据社会认知理论，当团队员工感知自身所提出的方案、想法及措施等会给自身带来负面效应（遭受上级或同事嘲笑、否决或漠视等）时，团队员工往往倾向于在团队中维持防御性沉默（Van der Vegt et al.，2003），以避免自身的言语或行为招致攻击。而当团队心理安全感高时，成员将在行动时减少对人际风险的关注，更加愿意参与企业或组织的决策，提出新的想法或解决办法，从而促进创新行为（龙静、汪丽，2011）。经理的态度和行为会被团队成员作为评估自身创造力给自身带来损失的依据（Nicholson & Griffin，2015）。通常而言，团队成员所提出的新颖或创新想法、思路大多是对现有模式或制度的突破和抨击，而经理掌握着团队成员创新建言的奖惩权，因而在经理频繁实施无礼行为的工作环境下工作的团队成员，往往出于规避风险的考虑，畏于展现自我和发挥创造力，以降低自身遭受无礼行为的可能性。经理无礼行为作为负面领导行为，往往会造成团队内部关系紧张，上下级关系恶化，给团队成员造成较为严重的心理压力（Liang et al.，2014）。当团队成员遭受经理无礼行为攻击时，这种心理压力会对团队成员心理安全感造成显著的负面影响，从而影响员工的创造力产生。简而言之，经理无礼行为会成为员工心理压力源，负向影响团队心理安全感，从而削弱团队创造力。由此，我们提出以下假设：

假设5　团队心理安全感在经理无礼行为与团队创造力间发挥中介作用。

根据社会认知理论，团队成员对团队工作氛围认知是影响团队效能的重要因素。通过上述分析，上级无礼行为常会引发团队内部敌意氛围，从而负面影响团队心理安全感。敌意氛围环境下团队成员往往会考虑人际互动和建言行为，这很可能会给自身造成威胁或损失，从而开启自我保护的沉默模式，减少自身在团队互动中的参与度，影响团队效能。布拉德利等（Bradley et al.，2012）研究表明，团队心理安全感与团队成员工作投入度相关。低团队心理安全感的成员工作满意度可能会更低，因而会花费更多的资源来调节人际关系，应对团队内部带来的各种威胁和冲突，从而减少对团队工作的投入度。克罗潘扎诺等（Cropanzano et al.，2011）提出心理安全感在团队合作过程发挥重要作用，当团队成员具有较低的团队心理安全感时，其主动反馈和信息共享的动机较弱，团队内部的互动交流与合作较少，抑制了团队成员通过协作互补完成工作任务以形成效能感。顾琴轩和王莉红（2015）认为团队领导对团队的支持和鼓励是形成高心理安全感的前提条件。主管无礼行为只会给团队成员带来严重的心理压力，引发内部矛盾冲突，降低团队心理安全感，从而负面影响团队效能。基于以上分析，我们提出以下假设：

假设6　团队心理安全感在经理无礼行为和团队效能间发挥中介作用。

假设3和假设4阐述了主管无礼行为在经理无礼行为与团队创造力、经理无礼行为与团队效能间的中介作用，假设5和假设6阐述了团队心理安全感在经理无礼行为与团队工作结果间的中介作用。遵循上述分析逻辑以及涓滴中介作用机理，本研究推测主管无礼行为与团队心理安全感在经理无礼行为与团队工作结果间起链式中介作用。根据社会学习理论、社会认知理论及涓滴效应机理，当主管观察或遭受经理无礼行为时，很可能会效仿经理的无礼行为，并将此无礼行为应用到团队管理过程中，从而导致团队心理安全感降低，负面影响团队创造力和效能。因此，基于上述分析，我们提出以下假设：

假设 7　经理无礼行为通过主管无礼行为和团队心理安全感形成的连续中介作用，负面影响团队创造力。

假设 8　经理无礼行为通过主管无礼行为和团队心理安全感形成的连续中介作用，负面影响团队效能。

5.2.3　主管归因动机的调节作用

社会学习理论指出，个体模仿榜样行为的程度取决于三个因素：留存性（记住所观察到的行为）、再造性（有能力重塑行为）、动机（认为行为实施是正当的）（Bandura，1986）。该理论强调：个体选择实施某一行为（从榜样处习得的行为），取决于他们对行为结果效应的感知和判断。个体通常希望获得积极习得效果而避免消极习得后果（Bandura，1986）。如果个体认为他们所观察的行为会产生积极结果，或者认为该行为会形成良好结果，那么他们将会有更高动机采取该行为。相反，如果个体认为某一行为会产生负面结果，那么员工就会缺乏实施该行为的动机。

有关归因的研究发现，个体会对自身周边行为作出原因解释，以便调整自身行为适应社会环境（Martinko et al.，2007）。因此，当员工遭遇上级无礼行为时，倾向于对其无礼的原因和目的进行归因，从而作出行为反应。泰珀（Tepper，2007）研究指出上级无礼行为和工作侵犯的基本差异在于，下级会将上级无礼行为归于两个不同的动机——敌意归因和绩效归因，而下级在归因工作侵犯时仅将其归因为敌意的。因此，在本研究中，我们检验了上级无礼行为涓滴效应对团队工作结果的影响，以及团队主管绩效归因和敌意归因所起的作用。

综合社会学习理论和归因理论（Bandura，1986；Mikula，2003），我们认为，在观察部门领导的无礼行为后，团队主管会继续收集相关信息，以便识别经理行为的目的。当团队主管将部门经理的动机释义为绩效归因，他们会认为部门经理的上级无礼行为与个体自身利益相一致，有利于长期职业生涯发展，从而无礼行为将会得到合理化解释。下级将更可能将其上级作为社会学习的榜样，从而在工作的组织层级中传导相似的行为。所以，如果上级无礼行为被其下级视为会提升任务绩效，那么团队主管将会通过部门经理的无礼行为来塑造自己的行为，从而对直属团队成员产生更多的无礼行为。因此，我们认为，团队主管绩效归因动机会对部门经理无礼行为和团队主管无礼行为间的积极关系起强化作用。相反，当团队主管将部门经理的动机释义为敌意归因时，他们可能将上级无礼行为视为非伦理、非道德的，并会成为下级行为的消极体验。个体通常不被鼓励模仿以及实施不道德和有害的行为，以避免与道德标准和社会规范发生冲突（Lian et al.，2014）。因此，出于伦理道德考虑和减少无礼行为对下级的消极影响，团队主管将更少参与无礼行为。但是，敌意归因感知并不会使个体完全避免辱虐下级。正如早期研究指出，社会学习理论和实证研究都表明，个体会有意识或无意识地模仿他人行为（Bandura，1986）。即团队主管会从部门经理处学习无礼行为，并在不经意间会对团队成员实施无礼行为。因此，我们认为，部门经理无礼行为和团队主管无礼行为间的积极关系会被团队主管的敌意归因动机弱化而不是消失。

假设9-1　团队主管绩效归因在经理无礼行为与主管无礼行为关系间起正向调节作用。即当团队主管将经理无礼行为进行高水平绩效归因（相较低水平）时，这种正向关系会增强。

假设9-2　团队主管敌意归因在经理无礼行为与主管无礼行为关系间起负向调节作用。即当团队主管将经理无礼行为进行高水平敌意归因（相较低水平）时，这种正向关系会减弱。

假设5阐述了主管无礼行为在经理无礼行为与团队心理安全感间的中介作用。假设9-1和假设9-2阐述了主管归因动机在经理无礼行为与主管无礼行为间的调节效应。根据中介作用和调节效应逻辑，本研究提出一个有中介的调节模型，即主管无礼行为在经理无礼行为与团队心理安全感间的中介作用受到主管动机归因的调节。根据归因理论，个体通常将所观察到的行为或事物归因于某一原因，采用因果关系来解释（Martinko et al.，2007）。因此，遭受经理无礼行为的团队主管，很可能会对直接领导的团队成员实施无礼行为，影响团队心理安全感。然而，主管归因动机作为一种个体特质，可以在经理无礼行为与主管无礼行为间产生调节作用。具体而言，当主管对经理无礼行为进行绩效归因时，能够强化经理无礼行为对主管无礼行为的正向影响，从而减少对团队心理安全感的负向影响；而当主管对无礼行为进行高敌意归因时，会弱化经理与主管间无礼行为的正向关系，从而增强对团队心理安全感的负向影响。因此，基于上述分析，我们提出假设：

假设 10 - 1 主管绩效归因调节经理无礼行为对团队心理安全感的间接作用。即当主管高绩效归因时，主管无礼行为在经理无礼行为与团队心理安全感的中介作用更显著。

假设 10 - 2 主管敌意归因调节经理无礼行为对团队心理安全感的间接作用。即当主管进行高敌意绩效归因时，主管无礼行为在经理无礼行为与团队心理安全感的中介作用更显著。

本章的研究模型如图 5 - 1 所示。

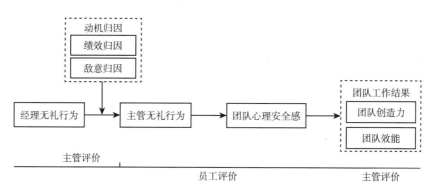

图 5 - 1 经理无礼行为影响团队工作结果模型

5.3 研究设计

5.3.1 研究对象

本研究以团队为单位收集问卷，样本来自湖南省 11 家企事业单位。采用现场调查和电子问卷形式收集多源数据。调查问卷包括主管问卷和员工问卷，主管填写问卷包括的变量有：经理无礼行为、对经理无礼行为动机归因、团队效能、团队创造力及团队基本信息等。员工填写问卷包括的变量有：主管无礼行为、团队心理安全感及个人基本信息等。样本数据描述性统计如表 5 - 1 和表 5 - 2 所示，共收集 78 个有效团队问卷，员工问卷数量达 346 份，有效样本总数为 424 人，团队规模在 8 ~ 10 人之间。本研究涉及的经理、主管和员工都是直属关系，即团队主管直接上级为经理，团队成员直接上级为主管。

本研究根据对象分别发放主管和员工两套问卷，问卷收集工作结束后，对无效问卷进行剔除。无效问卷剔除标准有四条：一是整套问卷填写答案几乎一致；二是问卷题项出现漏选、多选情况；三是同一团队缺少主管问卷或团队成员填写问卷少于 3 人；四是团队成员中已婚填写问卷人数未达到 3 份。经过筛选统计，本轮问卷调查共收集 78 个有效团队问卷，共 424 份问卷（78 份主管问卷和 346 份员工问卷），有效问卷回收率为 75.7%，平均团队规模为 5.43 人。从主管问卷数据看，78 位团队主管中，男女比例各占 55.2% 和 44.8%；学历以本科及以上为主，占比 74.3%。其他具体信息如表 5 - 1 所示。

表 5 - 1 主管样本的基本信息统计

名称	类别	数量（人）	百分比（%）
性别	男	43	55.2
	女	35	44.8

名称	类别	数量（人）	百分比（%）
学历	高中以下	2	2.7
	大专	18	23.0
	本科	37	47.4
	硕士以上	21	26.9
年龄	30 岁以下	41	52.5
	31～40 岁	23	29.5
	41～50 岁	13	16.7
	50 岁以上	2	1.3
团队规模	5 人以下	8	10.4
	5～10 人	12	15.4
	11～20 人	34	43.5
	20 人以上	24	30.7
团队工作年限	1～5 年	42	53.9
	6～10 年	22	28.2
	11～15 年	11	14.1
	15 年以上	3	3.8
单位性质	国企及事业单位	73	93.5
	民营企业	4	5.1
	中外合资企业	1	1.4
	外商独资企业	0	0

从员工问卷数据来看，346 位员工中，男性比例为 40.2%；学历主要以本科为主，人数为 192 人，占比 55.5%；年龄段而言，86.4% 的个体年龄小于 40 岁以下；在团队中工作年限大多在 1～5 年阶段。具体信息如表 5 - 2 所示。

表 5 - 2　　　　　　　　员工样本的基本信息统计

名称	类别	数量（人）	百分比（%）
性别	男	139	40.2
	女	207	59.8

名称	类别	数量（人）	百分比（%）
学历	高中以下	14	4.0
	大专	79	22.8
	本科	192	55.5
	硕士以上	61	17.6
年龄	30 岁以下	135	39.0
	31~40 岁	164	47.4
	41~50 岁	46	13.3
	50 岁以上	21	3.0
团队规模	5 人以下	32	9.4
	5~10 人	55	15.9
	11~20 人	140	40.4
	20 人以上	119	34.3
团队工作年限	1~5 年	212	61.2
	6~10 年	88	25.4
	11~15 年	33	9.5
	15 年以上	13	3.7

5.3.2 测量工具

本章研究内容所涉及变量包括经理无礼行为、主管无礼行为、团队心理安全感、团队创造力、团队效能、归因动机。具体采用的测量工具如下：

上级无礼行为量表。主要借鉴科蒂娜等（Cortina et al. , 2001）开发的 7 条目量表及刘嫦娥和戴万稳（2011）在中国情境下开发的 17 条目量表。根据国内组织文化及测量对象的实际情况，对这两个量表进行修订，抽取适合本研究相关的上级条目，组成包含 12 个条目的上级无礼行为量表。该量表由管理者（本研究中的主管和员工）的直接下属填写，均是反映上级实施的无礼行为，示例条目如"上级轻视我或用高高在上的态度对待我""上级用含有轻蔑、粗鲁或贬低的语言评论我"等。

团队心理安全感量表。采用埃德蒙森（Edmondson，1999）编制的 7 条目量表，包括 3 个反向条目。该量表在研究中已被证实有较好的信效度。示例条目如"所在团队的成员会针对您提出的问题及难题""在这个团队中，有时与大多数人表现不一样的人会遭到排斥""在这个团队中做冒险的事是安全的"等。

动机归因量表。采用刘等（Liu et al.，2012）编制的动机归因量表。该量表包含两个维度共 10 个条目，其中包括 5 个绩效归因条目，示例条目如"我的主管想让我更加努力地工作""我的主管想要刺激我实现绩效目标"；5 个敌意归因条目，示例条目如"我的主管想要伤害我的感情""我的主管想让我自己感觉不好"。本研究中该量表用于主管动机归因和员工动机归因，由主管和员工填写以评价自身对直接上级行为的感知。

团队效能量表。采用陈伟等（2015）所编制的两维度（任务绩效和工作满意度）7 条目量表，具备良好信效度。该量表是对团队效能的主观评价，为保障准确性，主要由团队直接主管进行填写。示例条目如"团队成员在工作任务的合作过程中得到锻炼和成长""团队成员在工作中愉快地合作"等。

团队创造力量表。采用安德森和韦斯特（Andersen & West，1998）编制的 6 条目团队创造力量表，具有很好的信效度。该量表是对团队创造力状况的评价，为保障准确性，主要由团队直接主管进行填写。示例条目如"团队成员常常有新的、有创意的想法""团队成员发展出了完善的计划和流程来促进创造力"等。

控制变量。已有研究表明团队规模和单位性质对团队工作结果会产生影响（Gong et al.，2013）。因此，本研究将团队规模和单位性质作为团队层控制变量。具体所需量表的具体信息汇总如表 5 - 3 所示。

表 5 – 3   变量测量特征汇总

量表	条目数	变量层面	数据来源	数据测量方式
经理无礼行为	12	团队	团队主管	主观评价
主管无礼行为	12	团队	团队成员	主观评价
团队心理安全感	7	团队	团队成员	主观评价
动机归因 （敌意归因 + 绩效归因）	10	团队	团队主管	主观评价
团队效能	7	团队	团队主管	主观评价
团队创造力	6	团队	团队主管	主观评价

5.4　数据分析与假设验证

5.4.1　信度检验

本研究量表的信度分析结果中经理无礼行为、主管无礼行为、团队心理安全感、敌意归因、绩效归因、团队创造力、团队效能的 Crobanch's α 值分别为 0.911、0.951、0.836、0.650、0.828、0.908，均大于 0.6 以上，说明量表具有良好的信度。

5.4.2　聚合效度和区分效度检验

表 5 –4 是主管评价团队层面变量的验证性因子分析结果，其中五因子模型（经理无礼行为、绩效归因、敌意归因、团队创造力、团队效能）为基准模型。在五因子基准模型基础上，本研究还测试 8 个可代替模型：

（1）四因子模型（将经理无礼行为与团队效能合为一个因子）。

（2）四因子模型（将经理无礼行为与团队创造力合为一个因子）。

（3）四因子模型（将绩效归因和敌意归因合为一个因子）。

（4）三因子模型（将经理无礼行为与团队效能及团队创造力合为一个因子）。

（5）三因子模型（将经理无礼行为与团队创造力合为一个因子，同时将绩效归因和敌意归因合为一个因子）。

（6）三因子模型（将经理无礼行为与团队效能合为一个因子，同时将绩效归因和敌意归因合为一个因子）。

（7）二因子模型（将经理无礼行为与团队效能及团队创造力合为一个因子，同时将绩效归因和敌意归因合为一个因子）。

（8）单因子模型（将5个主要变量合为一个因子）。

通过测量模型拟合度比较，发现五因子模型拟合优度最好（$\chi^2/\mathrm{df} = 1.58 < 2$，$\mathrm{RMSEA} = 0.077 < 0.08$，IFI、TLI、CFI 均大于 0.9），说明 5 个变量具有较好的聚合效度和区分效度。

表 5 - 4　　　　　　　　　　　　　　验证性因子分析

模型	因子	χ^2/df	RMSEA	IFI	TLI	CFI
1	五因子基准模型	1.58	0.077	0.971	0.946	0.964
2	四因子模型 1	1.90	0.108	0.881	0.895	0.830
3	四因子模型 2	1.98	0.111	0.867	0.884	0.837
4	四因子模型 3	2.06	0.116	0.842	0.857	0.831
5	三因子模型 1	2.11	0.124	0.813	0.824	0.828
6	三因子模型 2	2.15	0.123	0.738	0.796	0.626
7	三因子模型 3	1.97	0.112	0.612	0.671	0.602
8	二因子模型	2.26	0.131	0.593	0.572	0.591
9	单因子模型	2.30	0.134	0.484	0.461	0.438

同时，将主管无礼行为和团队心理安全感进行验证性因子分析。结果显示，二因子模型拟合优度较好（$\chi^2/\mathrm{df} = 2.01 < 4$，$\mathrm{RMSEA} = 0.062 < 0.08$，IFI、TLI、CFI 大于 0.9）。将主管无礼行为与团队心理安全感合为一个因子的单因子模型劣于二因子模型（$\chi^2/\mathrm{df} = 2.72 < 4$，$\mathrm{RMSEA} = 0.087 < 0.08$，IFI、TLI、CFI 均大于 0.9）。可知，主管无礼行为和团队心理安全感具有良

好的聚合效度和区分效度。

根据验证性因子分析得到的变量题项因子载荷，计算各变量的平均变异萃取量（AVE）和组合信度（CR）。如表5-5所示，经理无礼行为、主管无礼行为、团队心理安全感、敌意归因、绩效归因、团队效能、团队创造力的AVE值分别为0.526、0.650、0.586、0.600、0.594、0.609、0.563，而且各变量CR值分别为0.929、0.956、0.907、0.879、0.879、0.925、0.900。从数据结果可看出平均变异萃取量和组合信度符合吴明隆教材的推荐值CR > 0.6、AVE > 0.5的标准，说明变量具有较好的聚合效度和区分效度。

表5-5　　　　　　　　　　　　　AVE 及 CR 值

变量	平均变异萃取量（AVE）	组合信度（CR）
经理无礼行为	0.526	0.929
主管无礼行为	0.650	0.956
团队心理安全感	0.586	0.907
绩效归因	0.600	0.879
敌意归因	0.594	0.879
团队创造力	0.609	0.925
团队效能	0.563	0.900

5.4.3　共同方法偏差检验

本研究数据源于调查问卷，采用多源配对的方式收集数据，分为主管问卷和团队成员问卷，并且调查过程中注重匿名性和保密性，但也可能存在共同体方法偏差问题。因此，为保障研究结果科学性，研究采用 Harman 单因素检验的方式，对数据进行分析。根据周浩和龙立荣（2004）的研究结论，运用探索性因素分析法，对所有变量进行未旋转主成分分析，根据析出的因子数或公因子解释量大小判断共同方法偏差。本研究数据检验结果共析出14个特征值大于1的公因子，且第一个因子解释的变异量为14.90%，低于建议值50%，表明本研究的共同方法偏差问题不严重。

5.4.4　团队层数据聚合分析

本研究中主管无礼行为和团队心理安全感都是由团队成员填写的团队层面变量，因此，需要将团队成员填写的团队层面变量进行聚合以获得团队层数据。在聚合过程中需要对团队成员填写结果进行一致性检验。结果如表 5 - 6 所示。主管无礼行为、团队心理安全感的 ICC（1）分别为：0.34 和 0.32，F 检验值均达 0.05 显著水平。两个变量的 ICC（2）分别为 0.72 和 0.71。ICC（1）和 ICC（2）符合格菲克（Gfick，1985）提出的标准，表明数据的组间差距和组内差异良好，符合数据从个体层聚合到团队层的要求。

表 5 - 6　　　　　　　　　团队层变量数据聚合分析结果

变量	Rwg 均值	单因素方差分析 F 值	ICC（1）	ICC（2）
主管无礼行为	0.76	5.91*	0.34	0.72
团队心理安全感	0.82	1.92*	0.32	0.71

注：*** 表示 $P < 0.001$；** 表示 $P < 0.01$；* 表示 $P < 0.05$。

5.4.5　描述性统计及相关分析

本章变量的相关系数、均值、标准差如表 5 - 7 所示。经理无礼行为与主管无礼行为显著正相关（$\gamma = 0.582$，$P < 0.01$），与团队心理安全感显著负相关（$\gamma = -0.435$，$P < 0.01$），与团队创造力（$\gamma = -0.364$，$P < 0.01$）、团队心理安全感与团队效能（$\gamma = -0.347$，$P < 0.01$）显著负相关。主管无礼行为与团队心理安全感显著负相关（$\gamma = -0.330$，$P < 0.01$），与团队创造力（$\gamma = -0.483$，$P < 0.01$）和团队效能（$\gamma = -0.377$，$P < 0.01$）显著负相关。团队心理安全感与团队创造力（$\gamma = 0.309$，$P < 0.01$）和团队效能（$\gamma = 0.306$，$P < 0.01$）显著正相关。上述数据结果初步支持本章主效应和中介效应假设。

表 5 - 7   描述性统计分析及相关分析

变量	均值	标准差	1	2	3	4	5	6	7	8
1. 团队规模	2.86	0.90								
2. 单位性质	1.13	0.43	0.302							
3. 经理无礼行为	2.11	0.70	-0.043	-0.154						
4. 主管无礼行为	2.03	0.62	0.145	0.064	0.582**					
5. 主管绩效归因	3.64	0.59	-0.072	-0.002*	0.182	0.283**				
6. 主管敌意归因	1.94	0.66	0.036	-0.082	0.310**	-0.115*	-0.411**			
7. 团队心理安全感	2.28	0.41	-0.006	0.013	-0.435**	-0.330**	0.014	-0.111		
8. 团队创造力	3.38	0.77	-0.215	-0.027*	-0.364**	-0.483**	0.043	-0.058	0.309**	
9. 团队效能	3.75	0.64	-0.072	-0.026*	-0.347**	-0.377**	0.040	-0.157	0.306**	0.692**

注: *** 表示 $P < 0.001$; ** 表示 $P < 0.01$; * 表示 $P < 0.05$ 。

5.4.6 回归分析

直接效应检验。采用层级回归分析方法进行假设验证,将团队规模和单位性质作为控制变量放入回归模型。然后,采用逐步进入法将经理无礼行为放入回归模型。如表 5 - 8 所示,经理无礼行为与团队创造力显著负相关($\beta = -0.361$, $P < 0.01$,见模型 2),与团队效能显著负相关($\beta = -0.406$, $P < 0.01$,见模型 7)。因此,假设 1 和假设 2 得到验证。

表 5 - 8   简单中介回归分析结果

变量类型		团队创造力				团队效能				主管无礼行为	
		模型 1	模型 2	模型 3	模型 4	模型 6	模型 7	模型 8	模型 9	模型 11	模型 12
控制变量	团队规模	-0.254*	-0.252*	-0.154	-0.162	-0.071	-0.069	-0.167	-0.103	0.061	0.058
	单位性质	0.140	0.084	0.153	0.124	-0.041	-0.061	0.093	0.042	-0.614	0.017

续表

变量类型		团队创造力				团队效能				主管无礼行为	
		模型1	模型2	模型3	模型4	模型6	模型7	模型8	模型9	模型11	模型12
自变量	经理无礼行为		-0.361**		-0.286*		-0.406**		-0.224*		0.588***
中介变量	主管无礼行为			-0.416***	-0.127*			-0.439***	-0.310*		
F		2.49	5.78	6.89	4.56	0.19	10.75	7.39	6.25	0.24	12.90
R²		0.062	0.190**	0.218***	0.262*	0.005	0.131**	0.231***	0.263*	0.020	0.344***
ΔR²		0.037	0.128	0.156	0.072	0.021	0.126	0.226	0.132	0.006	0.324

注：*** 表示 $P < 0.001$；** 表示 $P < 0.01$；* 表示 $P < 0.05$。

简单中介作用检验。根据巴伦和肯尼（Baron & Kenny）的判断方法，中介效应需满足以下几个条件：第一，自变量对因变量及中介变量存在显著影响；第二，中介变量对因变量存在显著影响；第三，自变量与中介变量同时代入回归方程解释因变量时，中介变量的效应显著且自变量的效应消失（完全中介效应）或者减弱（部分中介效应）。由表5-8所示，首先，经理无礼行为与主管无礼行为存在正相关关系（$\beta = 0.588$，$P < 0.001$，见模型12），与团队创造力显著负相关（$\beta = -0.361$，$P < 0.01$，见模型2），与团队效能显著负相关（$\beta = -0.406$，$P < 0.01$，见模型7）；其次，主管无礼行为与团队创造力存在显著负相关关系（$\beta = -0.416$，$P < 0.001$，见模型3），与团队效能存在显著负相关关系（$\beta = -0.439$，$P < 0.001$，见模型8）；最后，模型4基于模型2的基础上，加入中介变量（主管无礼行为），结果显示，主管无礼行为系数显著（$\beta = -0.127$，$P < 0.05$，见模型4），但经理无礼行为对团队创造力的相关系数显著性减弱（$\beta = -0.286$，$P < 0.05$，见模型4）。因此，主管无礼行为在经理无礼行为与团队创造力关系间具有部分中介作用，假设3得到支持。模型9在模型7基础上加入中介变量（主管无礼行为），结果显示，主管无礼行为系数显著（$\beta = -0.310$，$P < 0.05$，见模型9），但经理无礼行为对团队效能的相关系数显著性减弱（$\beta = -0.224$，$P < 0.05$，见模型9），因此，主管无礼行为在经理无礼行为与团队效能关系间具有部分中介作

用，假设 4 得到支持。

同理，检验团队心理安全感在经理无礼行为与团队创造力和效能间的中介作用。如表 5-9 所示，首先经理无礼行为与团队心理安全感显著负相关（β = -0.577，P < 0.001，见模型 2），与团队创造力显著负相关（β = -0.361，P < 0.001，见模型 4），与团队效能显著负相关（β = -0.406，P < 0.001，见模型 8）。其次，团队心理安全感与团队创造力（β = 0.604，P < 0.001，见模型 5）及团队效能正相关（β = 0.585，P < 0.001，见模型 9），最后，模型 6 基于模型 4 的基础上，加入中介变量（团队心理安全感），结果显示，团队心理安全感系数显著（β = 0.448，P < 0.001，见模型 6），但经理无礼行为对团队创造力的系数显著性消失（β = -0.102，P > 0.05，见模型 6），可知，团队心理安全感在经理无礼行为与团队创造力关系间起完全中介作用。同理，模型 10 在模型 8 的基础上，加入中介变量（团队心理安全感）后，团队心理安全感系数显著（β = 0.519，P < 0.001，见模型 10），但经理无礼行为对团队效能的系数显著性消失（β = -0.106，P > 0.05，见模型 10），因此，团队心理安全感在经理无礼行为与团队效能间起完全中介作用。因此，假设 5 和假设 6 得到验证。

表 5-9　　　　　　　　　　简单中介回归分析结果

变量类型		团队心理安全感				团队创造力				团队效能	
		模型 1	模型 2	模型 3	模型 4	模型 5	模型 6	模型 7	模型 8	模型 9	模型 10
控制变量	团队规模	-0.142	-0.139	-0.254 *	-0.252 *	-0.094	-0.101	-0.194	-0.069	-0.111	-0.119
	单位性质	0.075	-0.015	0.140	0.084	0.139	0.127	-0.125	-0.061	0.081	0.070
自变量	经理无礼行为		-0.577 ***		-0.361 **		-0.102		-0.406 **		-0.106
中介变量	团队心理安全感					0.604 ***	0.448 ***			0.585 ***	0.519 ***
F		0.73	12.98	2.49	5.78	16.71	12.72	1.50	10.75	14.77	11.25
R^2		0.019	0.345 ***	0.062	0.190 **	0.404 ***	0.411 ***	0.039	0.131 **	0.375 ***	0.381 ***
ΔR^2		-0.007	0.326	0.037	0.128	0.342	0.221	0.013	0.092	0.336	0.250

注：*** 表示 P < 0.001；** 表示 P < 0.01；* 表示 P < 0.05。

为进一步检验本研究中介效应，通过 Bootstrap 方法进一步对所建立的中介模型进行置信区间检验，在95%置信区间下样本量选择5000，主要检验主管无礼行为和团队心理安全感在经理无礼行为和团队工作结果间的简单中介作用。如表5－10所示，经理无礼行为对主管无礼行为显著正相关（β＝0.443，P＜0.001），主管无礼行为与团队创造力显著负相关（β＝－0.422，P＜0.01），并且经理无礼行为通过主管无礼行为影响团队创造力的路径（模型1）置信区间 CI（－0.291，－0.073），不包括0，所以中介效应显著，假设3得到进一步支持；主管无礼行为与团队效能显著负相关（β＝－0.474，P＜0.01），经理无礼行为通过主管无礼行为影响团队效能的路径（模型2）置信区间 CI（－0.269，－0.051），不包括0，所以主管无礼行为在经理无礼行为与团队效能关系间有中介效应，假设4得到进一步验证。同理，经理无礼行为对团队心理安全感显著负相关（β＝－0.366，P＜0.001），团队心理安全感和团队创造力显著正相关（β＝0.611，P＜0.001），并且经理无礼行为通过团队心理安全感影响团队创造力的路径（模型3）置信区间 CI（－0.415，－0.110），不包括0，因此，中介效应显著，假设5得到进一步支持；团队心理安全感与团队效能显著正相关（β＝0.603，P＜0.001），团队心理安全感在经理无礼行为与团队效能间的中介路径（模型4）置信区间 CI（－0.411，－0.077），不包括0，所以，团队心理安全感在经理无礼行为与团队效能间发挥中介作用，假设6得到进一步支持。

表 5－10   中介模型的间接效应路径系数

中介模型	标准化路径系数				点估计	Bias corrected 95% CI	
	主管无礼行为	团队心理安全感	团队创造力（TC）	团队效能（TX）	（非标准化）	下限	上限
经理无礼行为（MI）	0.443 ***	－ 0.366 ***					
主管无礼行为（SI）			－ 0.422 **	－ 0.474 **			
团队心理安全感（TS）			0.611 ***	0.603 ***			
M1 = MI→SI→TC					－ 0.068	－ 0.291	－ 0.073

续表

中介模型	标准化路径系数				点估计	Bias corrected 95% CI	
	主管无礼行为	团队心理安全感	团队创造力（TC）	团队效能（TX）	（非标准化）	下限	上限
M2 = MI→SI→TX					−0.097	−0.269	−0.051
M3 = MI→TS→TC					−0.251	−0.415	−0.110
M3 = MI→TS→TX					−0.201	−0.411	−0.077

注：*** 表示 $P < 0.001$；** 表示 $P < 0.01$；* 表示 $P < 0.05$。

调节效应检验。检验绩效归因和敌意归因在经理无礼行为与主管无礼行为间的调节作用，采用回归分析的方法检验。把主管绩效归因和敌意归因作为调节变量引入回归模型，验证两种归因方式对经理无礼行为与主管无礼行为间的调节作用。为减少多重共线性对研究结论的影响，本研究对调节效应所涉及的变量分别进行标准化处理后再形成交互项。经理无礼行为与主管无礼行为显著正相关（$\beta = 0.588$，$P < 0.001$，见模型2）。如表5−11所示，当经理无礼行为与绩效归因、经理无礼行为与敌意归因的交互项进入回归方程后，经理无礼行为与主管绩效归因的交互项与主管无礼行为显著正相关（$\beta = 0.220$，$P < 0.05$，见模型5），模型解释率 R^2 达到0.39（$P < 0.001$），而经理无礼行为与主管敌意归因的交互项与主管无礼行为显著负相关（$\beta = -0.208$，$P < 0.05$，见模型6）。模型解释率 ΔR^2 为0.351（$P < 0.05$）。因此，假设9−1和假设9−2得到验证。

表5−11　　　　　　　　　　　　调节效应回归分析

变量类型		主管无礼行为					
		模型1	模型2	模型3	模型4	模型5	模型6
控制变量	团队规模	0.061	0.058	0.079	0.085 *	0.059	0.053
	单位性质	−0.074	0.017 *	−0.678 *	−0.261 *	−0.005	−0.013
自变量	经理无礼行为		0.588 ***			0.599 ***	0.583 ***
调节变量	绩效归因			0.346 **		0.251 *	
	敌意归因				−0.169 *		−0.102 *

续表

变量类型		主管无礼行为					
		模型 1	模型 2	模型 3	模型 4	模型 5	模型 6
交互项	经理无礼行为 × 绩效归因					0.220 *	
	经理无礼行为 × 敌意归因						- 0.208 *
F		7.244	12.908	8.160	8.724	11.722	11.404
R^2		0.006	0.344 ***	0.106 *	0.138 *	0.391 ***	0.385 *
ΔR^2		- 0.020	0.317	0.100	0.132	0.358	0.351 *

注: *** 表示 $P < 0.001$; ** 表示 $P < 0.01$; * 表示 $P < 0.05$ 。

为更加形象地表达和说明主管动机归因（绩效归因和敌意归因）在整个模型中的调节效应，本研究借鉴运用较为成熟的调节作用图，根据艾肯等（Aiken et al. , 1991）提出的绘制方法和程序，绘制了主管动机归因在经理无礼行为与主管无礼行为关系间的调节图。通过图 5 - 2 看出，高绩效归因（M + 1SD）和低绩效归因（M - 1SD）对主管无礼行为的影响程度。具体而言，相对于低绩效归因的主管，高绩效归因主管更能强化经理无礼行为对主管无礼行为的正向影响。同理，如图 5 - 3 所示，相对低敌意归因的主管，高敌意归因主管更能弱化经理无礼行为对主管无礼行为的负面影响。

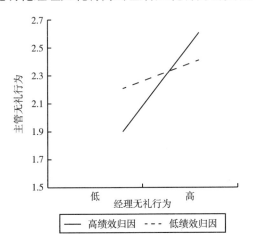

图 5 - 2 主管绩效归因调节效应

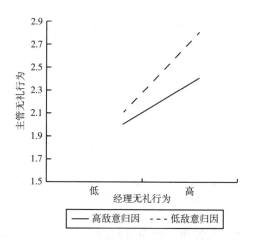

图 5 – 3　主管敌意归因调节效应

5.4.7　链式中介检验

通过以上层级回归分析显示，经理无礼行为对主管无礼行为的回归以及有两个中介变量的回归方程系数全部显著。因此，初步验证主管无礼行为与团队心理安全感在经理无礼行为与团队工作结果中的链式中介作用。为进一步分析两个中介变量的中介效果，采用 Bootstrap 的方法检验中介效果值。如表 5 – 12 所示，经理无礼行为对团队创造力的间接影响显著 – 0.461（ – 0.670，– 0.276）。对照海斯（Hayes，2008）提出的 Bootstrap 方法进一步对所建立的链式中介模型进行检验，在 95% 置信区间下样本量选择 5000。以主管无礼行为为中介变量的效应值为 – 0.068（ – 0.291，0.073），该区间包括 0，所以不显著。以团队心理安全感为中介变量的效应值为 – 0.251（ – 0.415，– 0.110），置信区间不包括 0，中介效应显著，以主管无礼行为与团队心理安全感同时为链式中介变量的效应值为 – 0.141（ – 0.289，– 0.064），置信区间不包括 0，中介效应显著。因此假设 9 – 1 成立。从 C1、C2 和 C3 三个路径来看，C1、C2 和 C3 值都显著，说明链式中介（Ind2）显著。

表 5 - 12   Bootstrap 检验结果 Ⅰ

项目	Effect	Boot SE	LLCI	ULCI
X 对 Y 的间接影响	- 0.461	0.099	- 0.670	- 0.276
Ind1 （X→M1→Y）	- 0.068	0.089	- 0.291	0.073
Ind2 （X→M1→M2→Y）	- 0.141	0.056	- 0.289	- 0.064
Ind3 （X→M2→Y）	- 0.251	0.080	- 0.415	- 0.110
C1 （Ind1 - Ind2）	0.073	0.033	- 0.002	0.137
C2 （Ind1 - Ind3）	0.183	0.009	0.124	0.183
C3 （Ind2 - Ind3）	0.110	- 0.024	0.126	0.046

注：Bootstrap = 1000 的结果；X、Y 为经理无礼行为和团队创造力；M1、M2 分别为主管无礼行为和团队心理安全感；C1、C2、C3 为三个中介效应 lnd1、lnd2 和 lnd3 的对比检验。

同理，将 Bootstrap 的方法检验运用到经理无礼行为对团队效能的链式中介检验。如表 5 - 13 所示，经理无礼行为对团队效能的间接中介有显著影响 - 0.412（- 0.609，- 0.231），以主管无礼行为为中介变量的效应值为 - 0.097（- 0.269，- 0.051），该区间不包括 0，所以显著。以团队心理安全感为中介变量的效应值为 - 0.201（- 0.411，- 0.077），置信区间不包括 0，中介效应显著，以主管无礼行为与团队心理安全感同时为链式中介变量的效应值为 - 0.113（- 0.233，- 0.047），置信区间不包括 0，中介效应显著。因此假设 9 - 2 成立。三个间接效应的路径对比得出，C1、C2 和 C3 检验结果显著，则链式中介作用（Ind2）显著。

表 5 - 13   Bootstrap 检验结果 Ⅱ

项目	Effect	Boot SE	LLCI	ULCI
X 对 Y 的间接影响	- 0.412	0.098	- 0.609	- 0.231
Ind1 （X→M1→Y）	- 0.097	0.078	- 0.269	- 0.051
Ind2 （X→M1→M2→Y）	- 0.113	0.045	- 0.233	- 0.047
Ind3 （X→M2→Y）	- 0.201	0.081	- 0.411	- 0.077
C1 （Ind1 - Ind2）	0.016	0.033	- 0.036	0.098
C2 （Ind1 - Ind3）	0.104	- 0.003	0.142	0.128
C3 （Ind2 - Ind3）	0.088	- 0.036	0.178	0.030

注：X、Y 为经理无礼行为和团队效能；其余变量同表 5 - 12。

5.4.8　有中介的调节效应检验

首先，本研究已证实绩效归因和经理无礼行为的交互项对主管无礼行为存在正向影响（β = 0.220，P < 0.05），敌意归因和经理无礼行为的交互项对主管无礼行为存在负向影响（β = -0.208，P < 0.05），这是后续分析开展的前提条件。接着，本研究采用 SPSS 中的 PROCESS 程序（Preacher & Selig，2012），对数据进行 5000 次重复数据抽样，估计有中介的调节效应置信区间。根据普里彻（Preacher）提出的亚分组分析法和海莉（Haye）提出了有中介的调节效应的判定指标 INDEX，判断数据结果是否支持有中介的调节效应。通过 Bootstrap 数据分析，结果如表 5 - 14 所示。

表 5 - 14　　　　　　　　　　　有中介的调节分析结果

调节变量		经理无礼行为（X）→主管无礼行为（M）→团队心理安全感（Y）							
		条件间接效应				有中介的调节效应			
		效应	标准误差	上限	下限	INDEX	标准误差	上限	下限
主管绩效归因	高绩效归因	-0.272	0.095	-0.107	-0.484	-0.062	0.037	-0.007	-0.153
	低绩效归因	-0.147	0.067	-0.042	-0.319				
主管敌意归因	高敌意归因	-0.161	0.076	-0.048	-0.355	0.095	0.052	0.229	0.016
	低敌意归因	-0.351	0.113	-0.169	-0.624				

表 5 - 14 左边数据显示，当主管对经理无礼行为的绩效归因和敌意归因较高时，经理无礼行为通过主管无礼行为影响团队心理安全感的间接效应分别为 -0.272（置信区间 [-0.107，-0.484]）和 -0.161（置信区间 [-0.355，-0.048]），置信区间都不包括 0；当主管对经理无礼行为的绩效归因和敌意归因较低时，经理无礼行为通过主管无礼行为影响团队心理安全感的间接效应分别为 -0.147（置信区间 [-0.042，-0.319]）和 -0.351（置信区间 [-0.169，-0.624]），置信区间都不包括 0。结果表明，无论主管对经理无礼行为进行的是高绩效、低绩效归因或高敌意、低敌意归因，经理无礼行为通过主管无礼行为对团队心理安全感的间接影

响都是显著的。

　　根据海莉（Haye）提出的判断方法，当调节变量取高值和低值时，间接影响都显著，必须要依靠 INDEX 指标作为判定有中介的调节效应显著问题。根据表5-14 数据可知，绩效归因与经理无礼行为影响团队心理安全感的间接关系存在调节效应的 INDEX 指标为-0.062（置信区间［-0.007，-0.153］），敌意归因对经理无礼行为影响团队心理安全感的间接关系存在调节效应的 INDEX 指标为0.095（置信区间［0.229，0.016］）。由于这两个置信区间都不包括0，因此，绩效归因和敌意归因在经理无礼行为与团队心理安全感的间接效应起到有中介的调节作用。假设10-1 和假设10-2 得到验证。

5.5　研究结论与总结

　　本研究整合社会认知和归因视角构建经理无礼行为影响团队创造力及团队效能的作用机制模型。主要选取某市两所事业单位108 个团队中的主管和直属员工进行配对问卷数据收集，获得有效配对样本78 个团队数据。通过数据分析，验证假设。

　　本研究通过理论构建和实证研究发现，经理无礼行为对团队创造力和团队效能均有负向影响。首先，基于社会学习理论发现，经理无礼行为会对主管无礼行为有显著的正向影响。基于社会学习和社会认知理论发现，主管无礼行为和团队心理安全感在经理无礼行为与团队工作结果间具有链式中介的作用。其次，基于社会归因理论发现，主管绩效归因在经理无礼行为与主管无礼行为关系间具有正向调节作用，敌意归因则起到负向调节作用。即当主管对经理无礼行为的绩效归因较高时，经理无礼行为与主管无礼行为间的正向关系会增强；当主管对经理无礼行为的敌意归因较高时，经理无礼行为对主管无礼行为的正向影响会被弱化。最后，基于社会认知、社会学习及归因视角，构建并验证了经理无礼行为对团队心理安全感的有中介的调节效应模型。研究结论如表 5 – 15 所示。本研究将经理无礼行为和动机归因拓展至团队层面，并将社会认知和动机归因应用于团队层面，拓展团队心理安全感的影响因素研究，加深对社会认知、社会学习及动机归因理论的认知。

表 5 – 15 假设验证结果

假设编号	假设项	检验结果
假设 1	经理无礼行为与团队创造力显著负相关	支持
假设 2	经理无礼行为与团队效能显著负相关	支持
假设 3	主管无礼行为在经理无礼行为与团队创造力间发挥中介作用	支持
假设 4	主管无礼行为在经理无礼行为与团队效能间发挥中介作用	支持
假设 5	团队心理安全感在经理无礼行为与团队创造力间发挥中介作用	支持
假设 6	团队心理安全感在经理无礼行为和团队效能间发挥中介作用	支持
假设 7	经理无礼行为通过主管无礼行为和团队心理安全感形成的连续中介作用，负面影响团队创造力	支持
假设 8	经理无礼行为通过主管无礼行为和团队心理安全感形成的连续中介作用，负面影响团队效能	支持
假设 9 – 1	团队主管绩效归因在经理无礼行为与主管无礼行为关系间起正向调节作用	支持
假设 9 – 2	团队主管敌意归因在经理无礼行为与主管无礼行为关系间起负向调节作用	支持
假设 10 – 1	主管绩效归因调节经理无礼行为对团队心理安全感的间接作用	支持
假设 10 – 2	主管敌意归因调节经理无礼行为对团队心理安全感的间接作用	支持

第 6 章

上级无礼行为与员工非工作结果涅滴效应研究

6.1 问题提出

本研究选题源于社会职场和生活现象，内容着眼于经理无礼行为这一负面领导涅滴效应的后果研究。工作场所上级无礼行为是职场"冷暴力"的典型代表，是一种违背工作场所相互尊重规范、伤害意图模糊、低强度的人际偏差行为，其普遍性和破坏性已得到证实（Tepper，2007；Sharifirad，2016）。根据2006年国际劳动组织对职场暴力调查报告显示，上级无礼行为普遍存在于全球各类组织中，并对组织、团队及个体产生消极影响，直接导致0.5% ~ 3.5%的GNP损失（Lim et al.，2008）。至今为止，上级无礼行为个体结果变量的研究主要聚焦于工作结果层面，例如，工作怠倦（Sharifirad，2016）、工作满意度（刘嫦娥，2012）、离职倾向（Tepper，2007）等，而较少研究其对非工作结果的影响。但上级无礼行为消极效应的向下流动（flow downhill）使遭受上级无礼行为的员工很可能将负面情绪转嫁给家人，导致家庭关系不和谐和生活状况恶化等（Hoobler & Brass，2006）。现实生活中，生活满意度是反映个体非工作结果层面的重要变量，其对个体生存和发展都具有重要的影响，作为主观幸福感的重要预测指标，其被界定为个体基于自身设定的标准对其生活质量做出的主观评价（Shin & Johnson，1978）。研究表明，个体生活满意度对身心健康及工作学习有显著影响，例如，心理健康（连玉君，2015）、生命意义（Steer，2010）、学习倦怠（Knies，2016）等，高水平的生活满意度能够为个体带来愉悦心情、高工作效能及幸福感，而低水平的生活满意度会引发个体情绪低落、损害心理健康、降低工作积极性等（瞿小敏，2016）。因此，本研究从上级无礼行为视角分析员工生活满意度，紧贴领导行为学术研究热点，对企业构建和谐工作氛围及提高员工工作积极性具有重要意义。

在组织体系中，经理作为组织领导者，当经理频繁实施无礼行为却未遭受组织阻止或惩罚时，主管很可能会对无礼行为属性产生错误认知，甚至认为无礼行为在组织和领导者中得到认可，会产生积极效应，从而将无礼行为运用于团队成员管理，最终影响团队成员生活满意度。因此，本研究将主管无礼行为作为第一个中介变量，引入经理无礼行为与员工生活满意度模型中。此外，现有研究指出上级无礼行为会对员工和团队产生消极影响（刘嫦娥，2012；Chen et al.，2011），当团队遭受或体验经理无礼行为时，很可能会产生情绪耗竭、沮丧、愤恨等消极情绪，降低团队心理安全感，影响团队成员生活满意度。因而本研究将团队心理安全感作为第二个中介变量引入模型。根据社会归因理论，个体会对自身周边行为做出解释，以便调整自身行为适应社会环境（Martinko et al.，2007）。团队员工遭遇上级无礼行为时，倾向于对其无礼的原因和目的进行归因，从而作出反应。当团队成员将团队主管的动机释义为绩效归因，他们会认为团队主管无礼行为符合自身利益，从而会将遭受或体验到的无礼行为进行合理化解释；相反，当团队成员将主管的动机释义为敌意归因时，他们可能将无礼行为视为非伦理、非道德的行为，从而产生不良反应。为了更全面分析经理无礼行为对团队成员生活满意度的影响，本研究将团队成员动机归因作为边界条件，探讨经理无礼行为与团队生活满意度的作用机制。

6.2　假设推导

6.2.1　经理无礼行为与个体生活满意度及婚姻质量

生活满意度作为一种主观认知评价，受诸多因素影响。在职场环境下，领导行为因素是影响团队成员生活满意度的关键要素。经理无礼行为作为一种负面领导行为，很可能会通过权力滥用、敌意对待、孤立疏远三个途径影响团队成员生活满意度（刘嫦娥，2011）。首先，经理作为团队间接管理者和团队资源守门员，会通过滥用手中权力控制团队任务和团队资源来影响团队成员认知。利用职位权力故意提高团队任务难度、增加任务复杂性，甚至减少对团队或团队成员完成工作的资源支持力度是部门经理实施无礼行为重要表现之一（Lian et al.，2014）。当团队成员遭受上述无礼行为时，个体必须为完成工作任务，势必要将更多时间、精力等资源投入工作中，从而减少对生活经营的资源投入，影响生活质量，降低生活满意度。其次，经理对团队成员表现出的频繁敌意行为，会损害团队成员身心健康。基于社会认知理论，经理无礼行为是一种重要的压力源。当员工缺乏足够的心理资源去应对无礼行为时，就会产生沮丧、不安、愤怒、抑郁等各种负面情绪（Sharifirad，2016），迈耶和格罗斯（Meier & Gross，2015）指出工作场所无礼行为会破坏受害者自主神经系统的平衡，进而损害个体身心健康，导致产生诸多不满意。同时，遭受持续的经理无礼行为时，如嘲讽、贬低、忽视等，会使员工感受到上级的敌意或不公感（Chen et al.，2011），从而负面影响团队成员生活满意度。最后，经理无礼行为会造成上下级关系及同事恶化，破坏团队成员正常的人际关系，从而对生活满意度产生负面影响。经理作为组织权威人物，所实施的无礼行为会引发团队成员效仿，产生无礼行为的涓滴或螺旋效应，形成敌意工作氛围环境和负向互动行为规范，造成人际关系紧张，给团队成员带来严重的工作和心理压力（Jian et al.，2012）。为释放或宣泄此压力，很可能将感知到的压力宣泄到权力更小的家人身上，从而扰乱日常生活秩序和降低对生活的满意度。因此，我们提出假设：

假设 1　经理无礼行为与员工生活满意度具有显著负相关关系。

婚姻质量不仅受到主观感受影响，还体现在夫妻关系融洽程度上（Lewis et al.，1979）。研究指出工作—家庭冲突会消极影响员工婚姻质量，当个体出现工作—家庭冲突时，会感受心烦意乱，配偶关系和夫妻生活遭受破坏（赵宜萱、徐云飞，2016）。经理无礼行为作为一种职场偏差行为，当团队成员遭到经理无礼行为对待时，会将更多精力和注意力转移到应对上级行为中，减少对家庭维护和经营的资源投入，容易引发夫妻关系问题。此外，基于社会认知理论，团队主管无礼行为会使得团队成员感知不公正感和压力感，从而对情绪和认知都具有消极影响，最终这种影响会负面扩散到婚姻关系中。同时，在高权力距离文化背景下，无礼行为受害者很可能会将承受到的不满和压力转嫁到权力更小的家人身上，如配偶，这直接损害夫妻双方的婚姻质量。基于以上分析，本研究提出假设：

假设 2　经理无礼行为与员工婚姻质量具有显著负相关关系。

6.2.2　经理无礼行为和团队心理安全感的中介作用

根据社会认知理论，个体认知因素作为行为的驱动因素，与员工的行为和反应具有相关关系（顾远东等，2014）。首先，团队主管对经理无礼行为合理化释义促进了无礼行为对团队成员生活满意度的负向影响。当主管遭受或体验到经理频繁实施无礼行为时，主管会对上级无礼行为进行认知和评估（Bandura，1986），若将经理无礼行为释义为一种组织或管理者默许和认可的行为，甚至会认为无礼行为能够产生积极效应，为获得经理认可或提高管理有效性，主管很可能将无礼行为应用于团队成员的日常管理中（Priesemuth et al.，2014）。频繁的主管无礼行为会导致团队成员将更多资源投入应对无礼行为过程中，从而减少对家庭生活的资源投入，容易导致家庭—工作冲突，生活满意度降低。其次，传统"上尊下卑"文化，为经理无礼行为对团队成员生活满意产生负面影响提供了温床。占小军等（2017）认为，在高权力距离的中国情境中，遭受无礼行为的员工不太可能在职场产生针锋相对的行为，而是将工作中的挫折感弥漫至生活之中，从而降低生活满意度。同时，无论是主管还是团队成员，都倾向于学习领导或权威者的行为，致使无礼行为得到扩散和蔓延，破坏和谐的人际氛围，引发心理恐慌和不安感，降低生活满意度。最后，经理无礼行为会使下属降低对自身的认知评价等级，导致情绪低落，产生偏差行为。研究指出，情绪状态与生活满意度有直接相关性。马蒂诺等（Martinko et al.，2007）发现，积极情绪能够为个体带来效能感，提升生活满意度，消极情绪能够引发心情沮丧和不满，降低生活满意度。通常而言，经理无礼行为会导致直接下属（团队主管）情绪耗竭，降低工作意愿，产生报复行为。而团队主管将遭受来自上级的不公，转嫁到团队成员身上，很可能会引发团队成员情绪低落、沮丧、抑郁等不良状态，对团队成员身心健康造成消极效应，导致生活不和谐、不融洽，最终降低生活满意度。基于以上分析，本研究提出假设：

假设 3　主管无礼行为在经理无礼行为与员工生活满意度关系间发挥中介作用。

基于假设 2 阐述的主管无礼行为与员工婚姻质量间的负向关系，以及经理无礼行为对主管无礼行为存在的涓滴效应。本研究推测主管无礼行为很可能在经理无礼行为与员工生活满意度中扮演中介角色。经理无礼行为很可能会受到主管的效仿，导致主管在团队中也实施无礼行为，而遭受无礼行为对待的团队成员，鉴于权力距离或上尊下卑思维的影响，很可能不会对主管实施报复行为，而是将在组织中受到的压力涓滴到家庭中，转嫁到家人身上，引发家庭矛盾升级，影响夫妻关系，破坏婚姻质量。因此，本研究提出假设：

假设 4　主管无礼行为在经理无礼行为与员工婚姻质量间起中介作用。

主管作为团队领导者，其领导行为直接影响着团队心理安全感（Edmondson，1999；顾琴轩和王莉红，2015）。根据社会认知理论，主管无礼行为作为负面领导行为，频繁持续出现会给团队成员心理安全体验造成严重负面影响（Cropanzano et al.，2011）。一方面，主管无礼行为会使团队成员产生心理压力，导致个体情绪耗竭或倦怠情绪（Park et al.，2015），甚至引发团队上下级间关系冲突，不利于团队心理安全感的形成。另一方面，主管无礼行为引发的敌意氛围，易使团队内部滋生相互嘲讽、猜忌和攻击的负向互动行为规范，破坏上下级、同事间的关系，甚至矛盾冲突升级，导致团队成员心理安全感降低。

团队心理安全感可作为员工生活满意度的显著预测变量。国外相关研究也证明了这两者间存在关系。沙利文等（Sullivan et al.，2010）以学生为施测对象，结果显示学生心理安全感对学生生活的情感体验具有显著影响，较低的团队心理安全感会导致学生产生负面情绪，增加不安感和负面生活体验。埃伯利（Eberly，2011）研究也指出青少年心理安全感水平与其生活满意度具有正向关系。此外，在中国情境下也得出相似结论。张娥等（2012）认为心理安全感在伦理型领导与个体生活满意度间具有部分中介的作用，即伦理型领导一定程度上会通过影响个体心理安全感来影响生活满意度，并且心理安全感与个体生活满意度具有正向关系。付慧慧（2011）以高校研究生作为被试对象，结果表明高校研究生心理安全感与生活满意度也存在正相关关系。黄俊等（2017）通过291份企业员工问卷分析得出，不当领导会负向影响员工组织自尊，进而影响员工心理安全感，最终导致负面效应涓滴到生活满意度中。因此，基于以上分析，本研究提出假设：

假设5　团队心理安全感在主管无礼行为与团队成员生活满意度间起中介作用。

婚姻质量和情感体验及生活满意度密切相关。师保国（2011）认为积极情感和高生活满意度对婚姻质量存在正向影响。埃伯利（Eberly，2011）研究指出积极的情感体验能够促进夫妻双方互动合作和提高生活质量。消极情感会降低团队成员工作参与度和主动性，负向影响团队心理安全感，当团队成员遭受主管无礼行为时，会体验到情绪低落、心烦气躁等消极情感，更多地会保持谨言慎行的态度（Jian et al.，2012）。洛克等（Locke et al.，2012）研究得出类似结果，即个体生活满意度与婚姻质量显著正相关。当员工对现有生活状况感到非常满意时，会更注重夫妻情感生活，努力促进夫妻间关系和生活会变得更为融洽和和谐。根据假设 5 分析，团队心理安全感与员工生活满意度存在的正向关系，从而我们推测团队心理安全感对员工婚姻质量也存在一定的影响。同时，主管无礼行为作为一种负面领导行为，会对团队成员心理安全感产生负向影响，从而会影响团队成员婚姻质量。因此，基于以上分析，本研究提出假设：

假设 6　团队心理安全感在主管无礼行为与团队成员婚姻质量间起中介作用。

6.2.3　员工动机归因的调节作用

归因理论指出个体会对自身周边行为作出原因解释，以便调整自身行为适应社会环境（Martinkoet al.，2007）。因此，当员工遭遇上级无礼行为时，倾向于对其无礼的原因和目的进行归因，从而作出行为反应。泰珀（Tepper，2007）研究指出上级无礼行为和工作侵犯的基本差异在于，下级会将上级无礼行为归于两个不同的动机——敌意归因和绩效归因，而下级在归因工作侵犯时仅将其归因为敌意。因此，在本研究中，我们检验了上级无礼行为涓滴效应对团队工作结果的影响，以及团队主管绩效归因和敌意归因所起的作用。

综合社会认知理论和归因理论（Bandura，1986；Mikula，2003），我们认为，在观察团队主管无礼行为后，团队成员会继续收集相关信息，以便识别团队主管行为的目的。当团队成员将主管的动机释义为绩效归因，他们会认为主管无礼行为是一种善意提醒行为，有利于长期职业生涯发展，从而无礼行为将会得到合理化解释，不会产生负面情绪，团队成员会在精神上感知到更多的支持，并且能够投入充足的资源保障工作——家庭平衡，从而会弱化主管无礼行为对自身生活满意度和婚姻的消极影响（Liu et al.，2012）。相反，当团队成员将部门经理的动机释义为敌意归因时，他们可能将主管无礼行为视为非伦理、非道德的，对自身已经造成了伤害，为得到心理平衡或减少上级对自身实施的无礼行为，员工会将更多的资源投入工作中，导致工作—家庭出现冲突，影响团队员工的生活满意度和婚姻质量（Eberly，2011）。此外，基于社会认知理论，当遭受主管无礼行为对待时，敌意归因动机的个体倾向于将此类无礼行为视为不公的偏差行为，从而产生消极的情绪和抱怨心理（Liu et al.，2012），根据涓滴效应，这种消极负面情绪最终会涓滴到家庭和婚姻状况各方面，容易使个体体验到较低的生活满意度和婚姻幸福感。因此，我们认为绩效归因和敌意归因在主管无礼行为与员工生活满意度及婚姻质量间起调节作用，并提出假设：

假设7－1 员工绩效归因在主管无礼行为与员工生活满意度间起负向调节作用；

假设7－2 员工敌意归因在主管无礼行为与员工生活满意度间起正向调节作用。

假设8－1 员工绩效归因在主管无礼行为与员工婚姻质量间起负向调节作用；

假设8－2 员工敌意归因在主管无礼行为与员工婚姻质量间起正向调节作用。

本章研究理论模型如图6－1所示。

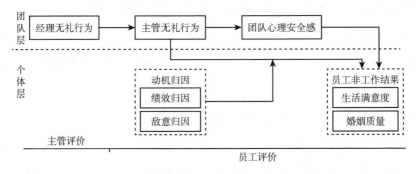

图6－1 经理无礼行为对员工非工作结果跨层次影响模型

6.3　研究设计

6.3.1　研究对象

本章所使用的研究对象同第 5 章一样，因此不再赘述。

6.3.2　测量工具

本章研究涉及变量包括经理无礼行为、主管无礼行为、团队心理安全感、生活满意度、婚姻质量、绩效归因及敌意归因。所采用的测量工具如下：

上级无礼行为量表。同本书第 5.3.2 节。

团队心理安全感量表。同本书第 5.3.2 节。

动机归因量表。同本书第 5.3.2 节。

生活满意度量表。采用迪纳（Diener, 1996）编制的一维度 5 条目量表，需要被试者对他们所处的生活状况做出满意度评价。示例条目如"我的生活条件非常好""我对生活感到满意""在大多数情况下我的生活接近我想过的生活"等条目。该量表已经被证实具有良好的信效度。为保障数据的科学性和准确性，本研究中生活满意度量表主要由团队成员填写。

婚姻质量量表。本研究采用诺顿（Norton, 1983）编制的婚姻质量量表，对被试者进行婚姻状况的调查，量表共包含 5 个条目，示例条目如"我真正觉得我和爱人是一个团队""与爱人的关系让我感到幸福"等。该量表是对员工自身婚姻状况的评价，因而主要由员工进行主观评价。

控制变量。同本书第 5.3.2 节。

6.4 数据分析和假设检验

6.4.1 信度检验

本章所涉及量表的信度分析结果中经理无礼行为、主管无礼行为、团队心理安全感、敌意归因、绩效归因、生活满意度、婚姻质量的 Crobanch's α 值分别为 0.911、0.951、0.836、0.862、0.937、0.629、0.946。所有量表的内部一致性系数均大于 0.6，说明本研究中量表具有良好的信度。

6.4.2 聚合效度和区分效度检验

表 6-1 是变量的验证性因子分析结果，其中，七因子模型（经理无礼行为、主管无礼行为、团队心理安全感、绩效归因、敌意归因、生活满意度、婚姻质量）为基准模型。根据七因子基准模型，本研究测试 12 个可代替模型：

（1）六因子模型（将经理无礼行为与主管无礼行为合为一个因子）。

（2）六因子模型（将主管无礼行为与团队心理安全感合为一个因子）。

（3）六因子模型（将绩效归因和敌意归因合为一个因子）。

（4）六因子模型（将婚姻质量与生活满意度合为一个因子）。

（5）五因子模型（将经理无礼行为与主管无礼行为及团队心理安全感合为一个因子）。

（6）五因子模型（将经理无礼行为与主管无礼行为合为一个因子，同时将绩效归因和敌意归因合为一个因子）。

（7）五因子模型（将经理无礼行为与主管无礼行为合为一个因子，同时将生活满意度和婚姻质量合为一个因子）。

（8）四因子模型（将经理无礼行为与主管无礼行为及团队心理安全感合

为一个因子，同时将敌意归因和绩效归因合为一个因子）。

（9）四因子模型（将经理无礼行为与主管无礼行为及团队心理安全感合为一个因子，同时将生活满意度和婚姻质量合为一个因子）。

（10）三因子模型（将经理无礼行为与主管无礼行为及团队心理安全感合为一个因子，同时将生活满意度和婚姻质量合为一个因子及敌意归因和绩效归因合为一个因子）。

（11）二因子模型（将经理无礼行为与主管无礼行为及团队心理安全感合为一个因子，将生活满意度、婚姻质量、敌意归因和绩效归因合为一个因子）。

（12）单因子模型（将7个变量合为一个因子）。

通过测量模型拟合度比较，发现七因子模型拟合优度最好（$\chi^2/df = 2.26 < 4$，RMSEA $= 0.063 < 0.08$，IFI、TLI、CFI 大于 0.9），说明 7 个变量具有较好的聚合效度和区分效度。

表6-1   验证性因子分析

模型	因子	χ^2/df	RMSEA	IFI	TLI	CFI
1	七因子基准模型	2.26	0.063	0.904	0.912	0.934
2	六因子模型1	2.38	0.081	0.841	0.889	0.871
3	六因子模型2	2.49	0.089	0.812	0.877	0.825
4	六因子模型3	2.75	0.094	0.806	0.812	0.797
5	六因子模型4	3.01	0.103	0.749	0.791	0.743
6	五因子模型1	3.16	0.113	0.738	0.696	0.626
7	五因子模型2	3.24	0.122	0.612	0.571	0.602
8	五因子模型3	3.47	0.134	0.611	0.514	0.627
9	四因子模型1	3.69	0.142	0.587	0.469	0.516
10	四因子模型2	3.81	0.149	0.556	0.441	0.502
11	三因子模型	4.12	0.153	0.543	0.418	0.487
12	二因子模型	4.63	0.162	0.511	0.407	0.446
13	单因子模型	4.81	0.176	0.427	0.397	0.416

根据验证性因子分析得到的各变量题项的因子载荷,计算各变量的平均变异萃取量(AVE)和组合信度(CR)。如表 6 – 2 所示,经理无礼行为、主管无礼行为、团队心理安全感、绩效归因、敌意归因、生活满意度、婚姻质量的 AVE 值分别为 0.526、0.650、0.586、0.582、0.601、0.579、0.546。而且各变量 CR 值分别为 0.929、0.956、0.907、0.839、0.768、0.825、0.870。从数据可看出两个指标均符合吴明隆教材的推荐值 CR > 0.6,AVE > 0.5 的标准,说明各变量具有较好的聚合效度和区分效度。

表 6 – 2 　　　　　　　　　　　　　　　　 AVE 及 CR 值

变量	平均变异萃取量(AVE)	组合信度(CR)
经理无礼行为	0.526	0.929
主管无礼行为	0.650	0.956
团队心理安全感	0.586	0.907
绩效归因	0.582	0.839
敌意归因	0.601	0.768
生活满意度	0.579	0.825
婚姻质量	0.546	0.870

6.4.3　共同方法偏差检验

本研究虽然采用配对的方法收集问卷数据,调研过程中也重复声明数据的保密性和匿名性,但也可能存在一定的共同方法偏差问题。因此,本研究采用 Harman 单因素检验方法,对数据进行共同方法偏差分析检验。根据周浩和龙立荣(2004)提出的标准,本研究未旋转主成分结果共析出 2 个特征值大于 1 的公因子,且第一个因子解释的变异量为 35.11%,低于建议值 50%,表明本研究的共同方法偏差问题不严重。

6.5　团队层数据聚合分析

本研究中，主管无礼行为和团队心理安全感都是由团队成员填写的团队层面变量，因此，需要将团队成员填写的团队层面变量进行聚合以获得团队层数据。而关于这两个变量的聚合结果已在上一章节进行分析，结果即第 5 章的表 5 - 6 所示。

通过主管无礼行为和团队心理安全感数据的聚合分析结果发现，ICC（1）、ICC（2）数值达到格菲克（Gfick，1985）提出的标准，组间和组内差异性良好，能将个体层数据聚合到团队层。

6.5.1　描述性统计及相关分析

本研究所涉及的变量均值、标准差和相关系数分析结果显示，绩效归因和生活满意度与婚姻质量显著正相关（$\gamma = 0.531$，$P < 0.01$；$\gamma = 0.301$，$P < 0.01$）。敌意归因与生活满意度和婚姻质量显著负相关（$\gamma = -0.600$，$P < 0.01$；$\gamma = -0.501$，$P < 0.01$）。

6.5.2　跨层次线性回归分析

多层数据分析不能采用传统的线性模型进行处理，因此，需要运用 HLM 7.0 软件进行跨层和嵌套数据处理。本研究将个体数据作为第一层对象，将团队数据作为第二层对象，检验经理无礼行为对员工生活满意度、婚姻质量的跨层影响以及主管无礼行为和团队心理安全感的跨层中介作用。此外，本研究还检验员工绩效归因、敌意归因在经理无礼行为与团队成员生活满意度和婚姻质量间的跨层调节作用。

零模型。在进行跨层线性模型分析前，需保证因变量的组内和组间方差存在变异。因此，本研究要对员工生活满意度和婚姻质量进行方差分析，结果显示，员工生活满意度的组内和组间方差分别为 0.67 和 0.21，员工婚姻质量的组内和组间方差分别为 0.51 和 0.18。员工生活满意度组间方差为 19.6%，即员工生活满意度和婚姻质量分别有 23.9%、19.6% 的差异可由潜在的团队层面自变量解释。分析表明，本研究适合采用多层线性模型分析方法。

首先，将个体控制变量（性别、年龄等）和团队控制变量（团队规模、成立年限等）放入多层线性模型。然后，采用逐步进入法将经理无礼行为、主管无礼行为及团队心理安全感放入多层线性模型。如表 6 - 3 所示，经理无礼行为与员工生活满意度显著负相关（β = - 0.14，P < 0.01，见模型 3）与婚姻质量显著负相关（β = - 0.22，P < 0.01，见模型 7）。因此，假设 1 和假设 2 得到验证。当经理无礼行为与主管无礼行为同时进入回归模型时，经理无礼行为对员工生活满意度系数显著性从 - 0.14 降到 - 0.12，并且中介变量主管无礼行为系数显著（β = - 0.11，P < 0.05，见模型 4）。同样，当经理无礼行为与主管无礼行为同时进入回归模型时，经理无礼行为对员工婚姻质量的系数显著性从 - 0.22 降到 - 0.15，且主管无礼行为系数显著（β = - 0.20，P < 0.01，见模型 8）。因此，假设 3 和假设 4 均得到验证（Banon & Kenny，1986）。

表 6 - 3　　　　　经理无礼行为对员工非工作结果的多层线性模型结果

变量		生活满意度					婚姻质量		
		模型 1	模型 2	模型 3	模型 4	模型 5	模型 6	模型 7	模型 8
个体层面变量	性别	0.06 (0.07)	0.07 (0.05)	0.07 (0.05)	0.07 (0.04)	0.07 (0.05)	0.07* (0.05)	0.08* (0.05)	- 0.07 (0.05)
	年龄	- 0.06 (0.03)	- 0.08 (0.03)	- 0.06 (0.05)	- 0.05 (0.02)	- 0.06* (0.04)	- 0.06* (0.04)	- 0.09* (0.05)	- 0.05* (0.04)
	学历	0.03* (0.05)	0.04 (0.05)	0.04* (0.03)	0.06* (0.06)	0.04 (0.04)	0.05 (0.03)	0.08 (0.02)	0.03 (0.04)

续表

变量		生活满意度					婚姻质量		
		模型1	模型2	模型3	模型4	模型5	模型6	模型7	模型8
个体层面变量	婚姻	0.03 (0.04)	0.05 (0.04)	0.05 (0.02)	0.05 (0.04)	0.03 (0.04)	0.05* (0.04)	0.05* (0.02)	0.06* (0.04)
	在团队年限	0.12 (0.08)	0.10* (0.08)	0.10 (0.08)	0.12* (0.07)	0.10* (0.08)	0.09* (0.08)	0.09* (0.08)	0.01* (0.06)
团队层面变量	团队规模		0.13 (0.06)	0.12 (0.07)	0.12 (0.07)		0.16 (0.08)	0.21 (0.11)	0.09 (0.02)
	单位性质		0.09 (0.05)	0.07 (0.05)	0.08 (0.12)		0.12 (0.04)	0.14 (0.08)	0.16 (0.13)
	经理无礼行为			−0.14** (0.06)	−0.12** (0.08)			−0.22** (0.07)	−0.15** (0.06)
	主管无礼行为				−0.11* (0.04)				−0.20** (0.12)
组内 R^2		0.16	0.28	0.11	0.22	0.16	0.11	0.21	0.14
组间 R^2		0.10	0.16	0.08	0.15	0.12	0.16	0.18	0.10
Model deviance		789.10	782.24	786.55	779.35	679.22	672.64	668.15	664.62

注：*** 表示 $P<0.001$；** 表示 $P<0.01$；* 表示 $P<0.05$。

如表 6-4 所示，主管无礼行为与员工生活满意度显著负相关（$\beta = -0.36$，$P<0.001$），与员工婚姻质量显著负相关（$\beta = -0.42$，$P<0.01$，见模型7）；当主管无礼行为与团队心理安全感同时进入回归模型时，主管无礼行为对员工生活满意度的系数显著性消失（$\beta = -0.13$，$P>0.05$，见模型5），团队心理安全感系数显著（$\beta = 0.46$，$P<0.01$，见模型3）；主管无礼行为对员工婚姻质量的系数显著性消失（$\beta = -0.27$，$P>0.05$，见模型8），团队心理安全感系数显著（$\beta = 0.35$，$P<0.05$，见模型8）。因此，团队心理安全感在主管无礼行为与员工生活满意度及婚姻质量间发挥完全中介作用，假设5和假设6得到验证（Banon & Kenny，1986）。

表 6 – 4　　　　　主管无礼行为对员工非工作结果的多层线性模型结果

变量		生活满意度					婚姻质量				
		模型 1	模型 2	模型 3	模型 4	模型 5	模型 6	模型 7	模型 8	模型 9	模型 10
个体层面变量	性别	0.07 (0.05)	0.07 (0.05)	0.07 (0.05)	0.07 * (0.04)	0.08 (0.20)	−0.09 (0.04)	−0.09 (0.04)	−0.09 (0.06)	−0.08 (0.05)	−0.09 (0.06)
	年龄	−0.08 (0.03)	−0.08 (0.03)	−0.09 * (0.04)	−0.05 * (0.02)	−0.11 * (0.06)	−0.06 * (0.04)	−0.06 * (0.04)	−0.08 * (0.05)	−0.07 * (0.04)	−0.06 * (0.05)
	学历	−0.04 * (0.05)	−0.03 * (0.02)	0.04 (0.03)	0.06 (0.06)	0.05 (0.03)	0.11 (0.08)	0.09 (0.04)	0.07 (0.06)	0.08 * (0.03)	0.09 (0.06)
	婚姻	0.04 (0.03)	0.05 (0.04)	0.03 (0.02)	0.05 (0.04)	0.05 (0.04)	0.04 * (0.04)	0.04 (0.04)	0.06 * (0.02)	0.09 (0.03)	0.06 * (0.04)
	在团队年限	−0.10 (0.08)	−0.12 * (0.06)	0.08 * (0.08)	0.12 * (0.07)	0.09 * (0.04)	−0.09 * (0.06)	−0.08 * (0.07)	−0.11 * (0.08)	−0.13 * (0.05)	−0.10 * (0.08)
	团队心理安全感			0.46 ** (0.09)					0.35 * (0.12)		
团队层面变量	团队规模	0.11 (0.07)	0.16 (0.08)	0.05 (0.02)	0.08 (0.06)	0.07 (0.05)	0.36 (0.11)	0.27 (0.16)	0.15 (0.07)	0.23 (0.15)	0.16 (0.06)
	单位性质	0.22 (0.03)	0.13 (0.05)	0.11 (0.07)	0.14 (0.07)	0.15 (0.09)	0.18 (0.13)	0.24 (0.14)	0.18 (0.06)	0.13 (0.08)	0.12 (0.08)
	主管无礼行为		−0.36 *** (0.12)	−0.13 (0.04)	−0.16 ** (0.10)	−0.13 ** (0.06)		−0.42 ** (0.20)	−0.27 (0.10)	−0.25 * (0.18)	−0.17 * (0.12)
	主管无礼行为 × 绩效归因				0.21 * (0.14)					0.12 (0.06)	
	主管无礼行为 × 敌意归因					−0.26 ** (0.14)					−0.20 (0.09)
组内 R^2		0.09	0.13	0.24	0.28	0.22	0.16	0.15	0.31	0.20	0.16
组间 R^2		0.06	0.08	0.12	0.14	0.16	0.24	0.11	0.21	0.13	0.10
Model deviance		612.33	610.24	609.41	591.28	587.51	698.85	685.27	682.14	679.25	672.19

注：*** 表示 $P < 0.001$；** 表示 $P < 0.01$；* 表示 $P < 0.05$。

　　将绩效归因和敌意归因分别作为调节变量代入回归模型，验证员工动机归因对主管无礼行为与团队成员非工作结果（生活满意度和婚姻质量）关系间的调节作用。为减少误差，本研究在进行调节效应检验前，对所涉及的变量进行标准化处理，再形成自变量和调节变量的交互项。根据分析结果，主管无礼行为与团队成员生活满意度（β = -0.36，P < 0.001，见模型2）和婚姻质量（β = -0.42，P < 0.01，见模型7）都存在显著负向关系。当主管无礼行为与团队成员绩效归因、主管无礼行为与团队成员敌意归因交互项分别进入回归模型后，主管无礼行为与绩效归因交互项和生活满意度系数显著正相关（β = 0.21，P < 0.01，见模型4），与婚姻质量系数不显著（β = 0.12，P > 0.05，见模型9）；主管无礼行为与敌意归因交互项和生活满意显著负相关（β = -0.26，P < 0.01，见模型5），与婚姻质量系数不显著（β = -0.20，P > 0.05，见模型10）。综合上述分析可知，绩效归因在主管无礼行为与团队成员生活满意度关系间发挥负向调节作用；敌意归因在主管无礼行为与团队成员生活满意度关系间发挥正向调节作用，即本研究中的假设7 - 1、假设7 - 2。员工归因在主管无礼行为与婚姻质量关系间不起调节作用，假设8 - 1及假设8 - 2无法得到验证。

　　为更加形象地表达和说明员工动机归因（绩效归因和敌意归因）对主管无礼行为与员工生活满意度的影响，根据艾肯等（Aiken et al.，1991）提出的绘制方法和程序，绘制了归因调节效应图，如图6 - 2和图6 - 3所示。由图6 - 2可知，当主管无礼行为较高时，高绩效归因的员工生活满意度高于低绩效归因的员工，并且低绩效归因线斜率大于高绩效归因线，说明低绩效归因个体受主管无礼行为负面影响明显高于高绩效归因个体。由图6 - 3可知，当主管无礼行为较高时，高敌意归因个体生活满意度较低，并且高敌意归因线斜率大于低敌意归因线，说明高敌意归因个体受主管无礼行为负面影响较大。

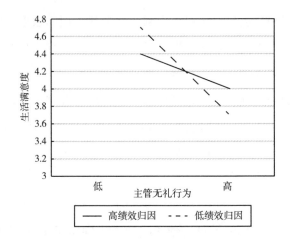

图 6 – 2　员工绩效归因调节效应

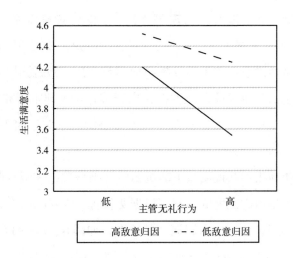

图 6 – 3　员工敌意归因调节效应

6.6　研究结论与总结

本研究选取团队成员动机归因作为调节主管无礼行为对团队成员非工作结果的变量。整合归因理论和社会认知理论，构建经理无礼行为影响团队成员生活满意度及婚姻质量的跨层作用机制模型。数据采用上一章节的方法获取同一拨数据，运用 HLM 7.0 对数据进行多层线性回归分析。

实证分析表明，经理无礼行为对员工生活满意度和婚姻质量显著负相关。其中团队心理安全感在主管无礼行为与团队成员生活满意度和婚姻质量关系间具有跨层中介作用；主管无礼行为在经理无礼行为与团队成员非工作结果关系间具有跨层中介作用。此外，基于社会归因理论，团队成员绩效归因和敌意归因在主管无礼行为与团队生活满意度关系间具有跨层调节作用。当团队成员对主管无礼行为进行高绩效归因时，主管无礼行为与团队成员生活满意度负向关系会被弱化，当团队成员对主管无礼行为进行敌意归因时，主管无礼行为与团队成员生活满意度的负向关系会被强化。而团队成员对主管的无礼行为动机归因在主管无礼行为与团队成员婚姻质量关系间调节效应不显著。

本研究从跨层视角分析无礼行为对团队成员非工作结果产生的影响，研究结果推进无礼行为、团队成员生活满意度及婚姻质量的相关研究。同时，本研究揭示动机归因作为无礼行为影响团队非工作结果的边界条件，有助于后续对无礼行为的深入研究。

本研究假设验证结果，如表 6 – 5 所示。

表 6 – 5 假设验证结果

假设编号	假设项	检验结果
假设 1	经理无礼行为与员工生活满意度具有显著负相关关系	支持
假设 2	经理无礼行为与员工婚姻质量具有显著负相关关系	支持
假设 3	主管无礼行为在经理无礼行为与员工生活满意度关系间发挥中介作用	支持
假设 4	主管无礼行为在经理无礼行为与员工婚姻质量间起中介作用	支持
假设 5	团队心理安全感在主管无礼行为与团队成员生活满意度间起中介作用	支持
假设 6	团队心理安全感在主管无礼行为与团队成员婚姻质量间起中介作用	支持
假设 7 – 1	员工绩效归因在主管无礼行为与员工生活满意度间起负向调节作用	支持
假设 7 – 2	员工敌意归因在主管无礼行为与员工生活满意度间起正向调节作用	支持
假设 8 – 1	员工绩效归因在主管无礼行为与员工婚姻质量间起负向调节作用	不支持
假设 8 – 2	员工敌意归因在主管无礼行为与员工婚姻质量间起正向调节作用	不支持

第7章
管理启示

通过文献分析、问卷数据检验等系列手段，验证了本研究中所提出的论点，为更好地将理论服务于实践，本研究依据研究结论以及调研过程所发现的问题，结合现实中我国企业管理概况，针对上级无礼行为螺旋升级及涓滴效应形成机制，从组织、管理者、员工三个层面提出具体的管理建议，为减少无礼行为所引发的负面效应提供借鉴。

7.1　组织层面

无礼行为螺旋升级及涓滴效应形成除与实施者个人性格、情绪管理和所处环境有关外，不可否认，组织中的管理文化、管理制度、人际关系及工作氛围也与之密不可分。组织内在因素所引发的效应不容忽视，如组织中员工行为管理机制、培训机制、奖惩机制等，科学公平的管理机制是扼杀无礼行为产生和传播的根本举措，是防止无礼行为产生负面效应的重要手段。本部分从组织层面提出几点具体措施。

（1）完善人力资源管理机制，建立无礼行为预防和规避机制。组织管理中人力资源的招聘、竞聘、培训、考核等各环节是防止和抑制无礼行为产生及传播的有效手段，是做好人员管理，营造和谐工作氛围的首道功课。

首先，人才甄选环节，重业绩更要重伦理道德品质，从源头上杜绝具有无礼行为倾向的领导和员工。在人力选拔和晋升考核环节，组织可利用多种方式辨识竞聘者是否为无礼行为倾向者，如心理、性格、行为测试，采用问卷、访谈及现场观察等多种手段，全方位了解个体在日常工作过程中的表现及工作方法、态度等，对具有破坏性倾向、性格冲动、态度强硬等与无礼行为相关特质的个体进行淘汰或纳入观察状态，避免有破坏性行为倾向的人员和领导进入公司，成为"组织毒瘤"，严把选人关，将引发无礼行为的因素消除在人才选拔环节。另外，研究发现，低控制点个体更易将上级无礼行为视为敌意举动，因此，在人才甄选环节，要重视对应聘者控制点的测试。其次，重视员工培训工作，掐断无礼行为传播的路径。员工培训是了解员工内在心声、转变员工思维、工作方式及态度的重要机会。员工培训作为组织提升员工能力和素质的主要手段，必须要充分利用此培训契机，杜绝和防范无礼行为在组织中滋生及传播。一方面，利用培训课程，宣扬组织内部的管理文化以及对无礼行为管理的相关条文规定，明确表明组织对无礼行为零容忍的主张和态度，从体制上消除无礼行为在组织滋生的土壤，为组织领导和员工的工作方式及态度划定红线。另一方面，通过培训提升员工对无礼行为的重视程度。培训过程中可通过案例、数据分析、现场观摩等方式，让员工对无礼行为产生的危害有新的认知，包括无礼行为倾向辨识、日常工作中容易忽略而导致实施的无礼行为、对个体及他人产生的伤害等，全方位的无礼行为知识培训既可以让他们对无礼行为危害性有充分认知，也可以使在日常工作中尽量避免实施无礼行为。再其次，将无礼行为纳入考核机制，全方位对组织无礼行为进行诊断。考核是扼制无礼行为产生及传播的重要手段之一，组织可制定一套行为管理细则作为考核标准，重视对上级领导方式的管理和约束，完善监督体制。要想从源头消除上级无礼行为涓滴效应及螺旋效应的负面影响，必须重视对上级行为的管理和监督工作。企业可定期对上级领导方式进行考核或摸底，通过对领导直接下级进行匿名调查和现场观察，获取领导行为的评价数据。对现存无礼行为要及时有效管控，将组织中存在的偏差认知和行为控制在最小范围内，避免无礼行为负面效应的扩大。提升个体对日常工作行为的重视程度以及自身的整体素质。最后，要构建上下级信任管理机制。员工信任在主管和员工形成高质量的人际关系和社会交换中发挥着十分重要的作用，作为主管领导，组织要鼓励领导多参与员工互动和维护良好上下级关系，从而提高组织管理效力（王洋洋、张晓慧和韩樱，2017）。将管理者伦理规范加入职业晋升体系和绩效考核制度中，让下级参与领导考核。建立丰富的沟通渠道，建立和谐的组织文化，倡导以人为本的核心价值观，重视员工发展，营造良好工作氛围。工作场所上级无礼行为螺旋升级对组织和员工造成无法弥补的消极后果，必须及时采取有效措施加以阻断螺旋升级链条，将组织中存在的偏差认知和行为（如本研究中得到的临界点行为集）控制在最小范围内，避免由微小的互动不公正事件螺旋升级成组织悲剧。

（2）加强管理者领导行为及员工个体行为的教育和培训。首先，无礼行为螺旋升级和涓滴效应主要源于上级所实施的无礼行为，防范上级实施无礼行为是规避无礼行为螺旋升级与涓滴效应的首要环节。基于无礼行为的模糊性特质，相当一部分管理者疏于对无礼行为的认识或不适应新的工作环境，常会在不经意间成为无礼行为的实施者。根据本研究中所建构上下级临界点行为模型，组织要定期加强对员工和管理者的行为引导，尤其是组织中的部门主管和基层主管，提高他们对无礼行为消极后果的重视程度，在培训过程中倡导文明规范和提醒工作场所不可触及的红线，同时要加强管理者的现代科学管理方式，建立有效良好的上下级沟通机制，降低上下级间的沟通误差，减少领导者无礼行为的发生，并对领导者的沟通能力进行培训，提高其沟通能力和技巧，从根本上减少无礼行为的发生。其次，树立典型的领导行为形象，营造榜样学习氛围。组织可实施榜样学习主题活动，定期从内部评比出管理方式或行为比较受下属欢迎的领导，以该领导作为内部其他管理者的学习榜样，集中进行榜样学习，一定程度上改善基层领导和部门管理者的管理行为。再者，重视内部积极领导行为的培训和引导。组织要定期加强对管理者培训引导，尤其是组织中的部门主管和基层主管，提高他们对无礼行为消极后果的重视程度，在培训过程中多为管理者灌输一些对员工和组织有益的正面领导方式及领导行为，如魅力型领导、道德型领导、变革型领导等，以减少或避免其实施无礼行为。同时要加强管理者现代科学管理的方式方法培训，鼓励他们多体谅和关心员工，用正面积极的领导方式。最后，加强员工个体行为的培训。无礼行为尤其是无礼行为螺旋升级，是实施者与受害者间博弈所引发的矛盾激化。作为员工要学会如何能够规避上级无礼行为，如何把握自身行为以降低与主管矛盾升级，将自身损害降到最低。研究过程中发现无礼行为螺旋升级是上下级形式在负面互动中所形成的，缺少一方的互动，无礼行为升级将无法形成，因此，作为员工个体要正确识别和应对上级无礼行为，避免自身卷入其中，成为无礼行为助推手。同样地，在涓滴效应过程中，下级遭受无礼行为时很可能会想要报复，由此产生对自身或组织有伤害的举动，最终结果往往得不偿失。组织对员工培训中要引导员工正确应对上级的无礼行为，采取积极正规渠道去维护自身权益，达到双赢。

（3）完善员工申诉和管理者领导方式的奖惩机制。首先，倡导相互体谅的工作场所氛围，建立对无礼行为的零容忍机制，为降低无礼行为损失，最直接方式就是减少无礼行为的发生，营造友好的工作场所氛围。根据社会认知理论，如果旁观者申诉上级的无礼行为，而其没有受到组织惩罚，旁观者便会模仿上级行为，使得上级无礼行为产生渗透效应引发无礼行为弥散于整个组织中，对组织产生严重后果。无礼行为螺旋升级很大程度上是基于组织中缺少对无礼行为有效的扼制管理体系，从而引发无礼行为在组织内部员工中扩散，形成应对对方偏差行为的方式。其次，完善员工申诉机制。上级无礼行为涓滴效应可能会对团队或个体产生较大的负面效应或引起报复行为，除了无礼行为自身对受害者形成的直接伤害外，更重要的是组织内部缺乏对无礼行为受害者的处置机制，在遭受无礼行为员工面对申诉无门的情况下，很多时候会将所遭受到不公涓滴到家庭层面和工作结果层面。因此，完善无礼行为申诉机制是缓解员工负面情绪的重要手段。组织可根据自身实际情况，建立越级的申诉管理机制和公开申诉机制，搭建员工申诉办公室和人力资源热线，由高层领导直接管理，专门受理员工受到的不公正对待，及时处理组织中存在的不公正问题。最后，构建奖罚分明的奖惩机制。实施管理行为和员工个体行为的考核体系，对考核结果不理想的管理者、带有或已实施偏差行为的人员实施零容忍政策，采用培训、批评警告、岗位调动或停职等方式，督促其进行整改，防止偏差行为的扩散，出现涓滴效应和螺旋升级。反之，对于考核结果优秀的管理者，组织将会考虑在薪酬、晋升或福利方面给予特殊对待。

（4）构建员工幸福之家，降低敌意归因，提高心理安全感。本研究的访谈中，不少工作场所冲突事件爆发正是因为组织没能重视微小事件而引发管理者和员工的消极情绪。因此，必须在员工管理过程中注重对员工情绪引导和提升幸福感。首先，加强员工心理健康管理。建立组织健全培训制度，主要用来加强员工心理素质和工作能力，使他们掌握应对破坏能力的技能，增强对生活事件的处理能力，调整员工工作压力、人际关系等。组织要注重提高员工工作热情，关注具有心理问题的员工，积极给予疏导和帮助，构建合理宣泄渠道，如心理咨询师、健身中心、压力管理沙龙等，定期为员工进行身心疏导，释放工作压力和消极能量，提高他们在组织中的幸福感。其次，涓滴效应研究中，上级无礼行为与团队心理安全感存在负向关系，因此，在帮助员工了解无礼行为本质的同时，要做好员工心理辅导工作。对于组织而言，要对自身的员工心理承受能力有自己的数据系统或全面了解每一个员工的性格特质。对于心理承受能力较弱的个体，组织要通过安抚、表彰等方式提升他们对组织的归属感，尊重他们的想法，帮助他们解决遭受到的无礼行为伤害，提升他们的幸福感。最后，制订援助计划。尽可能帮助他们解决家庭问题，解除他们工作的后顾之忧。上级无礼行为涓滴效应往往会向家庭扩散，导致各种复杂的家庭矛盾，包括离婚、家暴等问题。因此，组织理应担负起一定的责任，帮助员工解决危机，在配偶工作、子女教育及家庭生活等方面给予一定的支持和关心，帮助他们解决家庭危机，缓解家庭矛盾，从而构建和谐的家庭生活氛围，消除员工后顾之忧。

7.2 管理者层面

组织管理者是无礼行为的直接实施者，因此，加强对管理者领导方式的教育与培训是杜绝无礼行为产生及升级的重要手段，本部分将从管理者视角提出几点措施。

（1）提高管理者应对上下级冲突的能力。本研究在整理、分析访谈内容中，发现下级一般是冲突事件螺旋升级过程的被动者，上级的行为和回应往往可能是事件发展的关键。管理者的能力和素质对整个螺旋升级冲突的走向具有重要的影响，若管理者缺乏应对这种上下级管理处理的能力，甚至加入冲突中，可能会导致事态恶化；若管理者具备较强的应对冲突能力，则很可能会将此类冲突杜绝于形成阶段。因此，作为管理者，尤其是面对一线员工的基层管理者，首先，必须提升自身的管理素质和技能，学会识别无礼行为以及制止无礼行为升级。其次，管理者要具备帮助下级缓解无礼行为负面影响的能力。在日常管理过程中，要注重员工情绪和工作状态变化，当发现员工存在某些敌意行为（如临界点下级行为模型的具体行为）时，要高度重视和学会自察，引导他们舒缓不良情绪，为他们解决所面临的问题，以免升级至暴力行为。最后，提高管理者能力和道德素质。管理者的能力素质和道德品质对自身领导方式和管理行为具有直接影响。通常情况下，管理者的领导能力越强，自身具备的领导技能就越多，其对下属管理的效能度就越高，作为管理者应积极参与公司或行业协会举办的培训和交流会，多争取到国外企业学习和考察的机会，不断提升自身的管理技能和方法，告别以往依靠打骂手段提升业绩的方式。同时，组织管理者要注重自身情商的培养。管理者的情商高低对其领导方式和风格具有显著的影响，无礼行为实施者本身情商就存在一定的问题。因此，组织管理者要重视自身的情商管理，学会将工作压力通过适当途径进行释放，而不是以员工作为发泄自身不满的替罪羔羊，积极参与自身情商智力的开发活动，在日常管理过程中，学会观察员工的情绪变化，并引导他们进行发泄。注重情商培养的管理者，往往能够在冲突管理中，尤其是与下级螺旋升级矛盾中，找到比激化矛盾更为稳妥和快速的解决方法，准确处理好人际关系和工作问题。

（2）倡导积极管理风格，提升个体创新动机管理。首先，在本研究螺旋升级模型中，上下级之间由轻微的无礼行为发展为恶意行为，最后再演变为暴力行为，而这些轻微的无礼行为往往源于领导者消极的管理方式。作为管理者，要以维持和谐工作氛围，提高工作效率为目标，采取人性化的领导方式，尊重员工人格和尊严。可根据组织情况和自身管理实际，在诸多积极管理风格中寻求一种最佳的管理方式，包括道德型领导、家长式领导等，将此运用到自身实际领导中，不仅能够减少上下级间的冲突，或许更能够赢得下属对自身的尊重和信服。其次，管理者要担负起员工培养工作。要重点关注低控制点个体，提升他们掌握外界事物的能力以及政治技能，降低他们对管理行为的敌意辨识。其次，构建畅通的交流方式，是扼杀无礼行为产生的有效中枢机制。管理过程中要注意团队或部门内部间的交往方式，注重内部团结建设工作，通过畅通的交流机制，如定期召开部门的茶话会、上下级定期谈话、家访等，及时了解员工心理状态，杜绝不和谐因素在内部传播，发现问题及时进行沟通处理，消除与下属间可能存在的误解，扫除无礼行为成长的沃土。畅通的沟通机制可以有效阻断上级无礼行为螺旋升级造成的矛盾，将问题消除在微小阶段，也是提升团队和员工心理安全感及归属感的有效手段。作为管理者需要给予员工足够的工作责任和更多工作任务量，并相应提供下属更多合适的资源支持以应对他们在工作中面临的挑战，让员工真正感受到自身的作用，提升自身的内部人身份认知，最终能够为组织带来不可估量的效应。最后，管理者要积极提升员工的内部人身份认知，从而增强他们的创新动机。研究发现，上级无礼行为会通过降低个体内部人身份认知，从而降低个体创新动机。管理者应从强化内部人身份着手，善于为员工营造一种内部人身份认知，除了给予他们工作支持，肯定工作绩效外，还要给予他们更多的关心和福利等，以及为他们提供参与重大项目的机会，让员工觉得自身是组织圈内人，从而提升他们的创新动机。

（3）消除管理者不良归因动机，切勿盲目追捧领导行为。无礼行为的螺旋升级或是涓滴效应在扩散过程中，往往需蔓延至各层级管理者和员工，而遭受无礼行为的个体对无礼行为的归因动机往往能够决定无礼行为后续的扩散范围和程度，因此，在组织管理过程中，必须要科学引导个体对无礼行为的归因动机。本研究在无礼行为涓滴效应部分研究中发现，主管对经理无礼行为的动机归因决定了其是否会对下属实施同样的无礼行为。因此，作为基层管理者，团队主管需清晰认识到部门经理无礼行为是得不到组织认同和鼓励的。若团队主管将效仿部门经理的无礼行为并应用于团队成员管理中，很大程度上会降低团队成员创造力和效能。为避免团队成员感知主管无礼行为，团队主管必须辩证地看待部门经理行为，将无礼行为视为具有伤害意图的不正当管理行为，不能将其进行绩效归因。我们的研究表明，绩效归因可以强化动机，无礼行为会阻碍员工创造力和效能，因此，为促进团队创造力和效能提升，部门经理和团队主管必须转变领导方式，不能盲目地效仿领导行为。同样的，无礼行为螺旋升级过程中，如果团队对无礼行为采取积极的归因方式，则可能会缓解无礼行为造成的负面影响，但相反归因，将会导致无礼行为进一步被激化。因而，各层级管理者要理性对待上级管理方式，切勿为讨好上级而导致上下级关系恶化，最终影响组织发展。此外，上下级间无礼行为矛盾产生和升级很大程度上取决于信息沟通的及时畅通性，下级对上级行为动机归因方式选择也与自身所掌握的信息存在相关性。当上下级间信息透明畅通，就会使双方在行为决策上更加科学有效，能减少双方由于误解所引发的冲突。此外，信息畅通性还会影响下级对上级行为的动机归因。若下级不了解上级对待自身行为的初衷或目的，则可能会盲目对上级行为进行归因，无法解决存在的真实矛盾。因此，作为管理者，必须要重视自身与下级间的沟通交流平台建设，定期举办上下级沟通交流会或茶话会，让上下级间进行深入交流，让员工了解管理者的管理思路和想法，管理者清楚员工的心声和困扰，避免在管理过程中出现误解和交流障碍。

7.3 员工层面

员工作为上级无礼行为实施的对象，往往是最大的受害者，因此，日常工作中必须学会如何用合理有效方式应对上级无礼行为，如何避免遭受上级无礼行为所产生的伤害。本部分从员工自身视角出发，提出针对员工应对上级无礼行为的措施。

（1）学会主动与领导建设高质量的上下级关系。对员工而言，员工需要主动建设与领导的关系，提高自己与领导的相处技能，以增加自身工作要求的挑战性与获取更多合适的工作资源。无礼行为作为一种伤害意图比较模糊的偏差行为，管理者很可能在工作中实施无礼行为时是潜意识的，并非有意对下属实施，无礼行为螺旋升级也并不是一触即发，会经历两个阶段的演变。因此，作为员工，要学会在这个过程中主动与上级沟通，解除困扰和不必要的误会，避免无礼行为螺旋升级，提高上下级关系质量。此外，学会主动帮助领导分担工作，从领导视角思考问题，以积极方式回应领导行为。同时，帮助领导分担工作是建立高质量关系的重要手段，通过这种模式会增加管理者对下属的依赖性和情感归属，让领导逐渐建立信任，有利于缓解上下级之间的紧张关系，也会让领导开始主动缓解下属的工作压力，帮助下级调节心理不适。

（2）学会把握自身情绪，进行正确归因。情绪管理在处理情感驱使的侵犯行为时最有效，因此员工在遭受上级无礼行为时，应学会进行有效调控愤怒情绪，即通过合理的渠道有效宣泄不满，以让自身保持良好的心理状态。首先，在本研究的螺旋升级临界点行为模型中，会出现人身攻击、恶意攻击意图等行为，如"言语污辱对方父母""诅咒对方家庭破裂"等，都是因为在冲突中未能管理愤怒情绪，致使矛盾恶化升级。针对这种情况，遭受心理能量损伤的员工，一方面，可以寻求同事的帮助，向他们倾诉，征询建议；另一方面，也要学会正确表达自身的诉求与维护自身的权益。通常而言，组织内部会有工会或帮助调解内部矛盾的申诉机构，当遭受内部不公平待遇或无礼行为迫害时，可以通过这些正规的渠道去向组织申诉，从而得到公平的处理。其次，在涓滴效应研究中发现，下级归因方式选择直接影响对上级无礼行为的回应方式。作为下级员工，要科学辩证地对待上级的领导方式和管理行为，在不违反原则的情况下，尽量将上级领导行为解释为一种提升绩效的动机，而不是恶意揣测。组织需定期对下级员工进行思想引导，帮助下级员工积极转变情绪态度，提升自身的抗压能力，积极面对上级无礼行为。另外，研究也发现，低控制点个体往往对上级无礼行为更容易产生敌意认知，因此，对于低控制点的个体要学会主动参与组织的各类培训，提升自身的社会和政治技能，以及辨别上级行为的能力。

（3）学会正确宣泄情绪，寻求帮助。下级在遭受上级无礼行为对待时，应学会进行有效心理调节，即通过合理的渠道有效宣泄不满，以让自身保持良好的心理状态。当上级无礼行为过于粗鲁或频繁时，员工可以通过寻求同事的帮助，向他们倾诉，征询建议，联合同事，共同应对上级无礼行为，维护工作权益，营造良好的工作氛围和环境。当员工遭受上级的无礼行为对待时，不能够悲观对待，要善于为保障自身权益做好准备工作，如上级对你进行无礼对待源于何事，该事情当时的进展程度如何等，为自身申诉保存好证据。对于上级不合理的无礼行为或恶意的敌意举动，员工要学会通过公司正式的申诉渠道和程序向更高一级的部门领导人进行汇报，确保所遇到的问题得到有效解决和公正对待。另外，可以通过公司为员工设立的情绪宣泄室、心理咨询室等，缓解工作压力和情绪不满。一方面员工要充分利用组织所提供的设施条件，排解自身产生的问题，寻求外界的疏导；另一方面，切勿将消极情绪引入到家庭生活中。研究发现，遭受上级无礼行为的员工，幸福感往往会比较低，主要源于无礼行为受害者消极情绪没有通过合适的渠道得到有效的疏导和缓解，从而将在外界遭受到的不公，以家庭为对象进行发泄，导致家庭成员间产生矛盾，影响家庭和谐，形成一种恶性循环，而这种循环最终也将印证在组织工作中，对组织发展产生负面效应。

第8章
结论与展望

8.1 研究结论

本研究基于以往无礼行为研究成果，聚焦于上级无礼行为螺旋升级行为临界点模型与涓滴效应两大主题。

（1）在上级无礼行为螺旋升级的研究中，除了前期文献梳理和归纳分析，还主要通过对120件上级无礼行为螺旋升级事件的编码分析，结果表明上级无礼行为螺旋升级经历两个临界点：一是上级无礼行为升级至敌意行为，二是敌意行为升级至暴力行为；并且构建了上级无礼行为螺旋升级临界点上下级行为模型。基于访谈法形成的条目，通过问卷调查法检验上级无礼行为螺旋升级临界点上下级行为模型，结果表明：上级无礼行为螺旋升级上级临界点1行为和下级临界点1行为是一个三因子模型，上级临界点1有人际侵犯、工作侵犯、背后造谣三个维度，下级临界点1有人际侵犯、工作侵犯、滥用职权三个维度；上级无礼行为螺旋升级上级临界点2行为和下级临界点2行为是单因子模型，分别由9个和12个条目构成。通过探索性因素及验证性因素分析，发现四个行为模型的相应指标达到标准，拟合度良好，同时具有良好的信度与效度。

（2）关于上级无礼行为涓滴效应研究，主要通过整合社会认知、社会学习和归因动机视角构建经理无礼行为影响团队工作结果和员工非工作结果的跨层作用机制模型。通过团队主管—员工配对问卷获取 78 个有效团队样本数据。运用 SPSS 21.0、AMOS 17.0 及 HLM 7.0 数据软件，进行 CFA、EFA、层次回归、多层线性模型、Bootstrap 分析，检验经理无礼行为对团队工作结果的链式中介作用，以及对团队成员非工作结果的跨层作用机制。实证结果表明：经理无礼行为对团队工作结果和员工非工作结果存在显著负向影响；经理无礼行为通过主管无礼行为和团队心理安全感的链式中介对团队工作结果产生负面影响，经理无礼行为对员工非工作结果也存在跨层负面作用。另外，团队主管对经理无礼行为的动机归因会调节经理无礼行为与团队主管无礼行为间的关系，即绩效归因起正向调节作用，敌意归因起负向调节作用；团队成员对团队主管无礼行为的动机归因也会调节主管无礼行为与员工生活满意度间的关系，即绩效归因起负向调节作用，敌意归因起正向调节作用；但员工动机归因在主管无礼行为与员工婚姻质量关系间的调节效应不显著。此外，本研究还重点探讨上级无礼行为对员工创新的影响机制，研究发现，上级无礼行为会通过影响个体内部人身份认知，进而影响个体创新动机，最终对个体创造力产生负面影响，显著降低个体创造能力。同时，当敌意认知作为中介变量，员工控制点作为调节变量时，上级无礼行为会通过敌意认知影响个体创新行为，而员工控制点在上级无礼行为、敌意认知和创新行为间发挥中介作用，即当员工控制点水平越高时，敌意认知的中介作用越弱；控制点水平越低时，敌意认知的中介作用越强。

8.2　研究创新点

率先在中国组织情境下探讨上级无礼行为的涓滴效应，丰富了无礼行为研究的诺莫网络。以往对无礼行为影响后果的研究主要集中探讨个体层面的工作结果，而较少关注群体层面的影响后果。本研究既探讨了上级无礼行为对群体层面如团队创新能力及团队偏差行为的影响，还探讨了上级无礼行为对下级非工作结果的影响，如家庭破坏、酗酒、生活质量等，同时加上了一些中国特色的元素，如基于差序格局的圈子文化、基于面子文化的无礼行为发生场合、中国人的传统性等变量，这些研究结果至少可以部分解释当下社会离婚率升高、员工酗酒等现象。研究结论既可以提高组织绩效，也可以促进家庭和谐与社会和谐。

研究了上级无礼行为链式中介的影响效果。本研究中涓滴效应分析部分，采用了两级上级无礼行为，分别为经理无礼行为与主管无礼行为，通过问卷数据验证分析，了解上级无礼行为在管理层传送后对下级员工的影响效应，包括团队层面的工作绩效以及个体方面的生活情况。成果一定程度上丰富了无礼行为在管理层间流动从而产生影响的效应研究，从而为后续无礼行为链式分析提供了一定的借鉴和研究基础。

丰富了安德森和皮尔逊（Andersson & Pearson，1998）提出的无礼行为螺旋升级理论，用实证研究验证了此螺旋升级互动模型。安德森和皮尔逊在此理论中提出临界点，但在近些年关于无礼行为的研究主要聚焦于无礼行为结果变量分析，较少关注无礼行为在互动过程中升级激化，归纳致使无礼行为矛盾升级的行为域，本研究所探讨的螺旋升级行为临界点正好响应安德森和皮尔逊的号召，通过问卷和访谈，整理归纳出上级无礼行为螺旋升级临界行为模型，不仅符合学术前沿研究需要，而且有利于降低现实工作场所无礼行为所引发的螺旋升级效应。

深入探究上级无礼行为螺旋升级的动态过程。以往研究多聚焦于上级无礼行为对个体、组织的效果影响，较少在中国组织情境下探讨上级无礼行为螺旋升级，尤其很少从上下级视角探讨螺旋升级动态过程。本研究响应以往学者呼吁，通过对 120 件上级无礼行为螺旋升级事件的编码分析，结果表明上级无礼行为螺旋升级经历两个临界点：一是上级无礼行为升级至敌意行为，二是敌意行为升级至暴力行为；并且提炼了上级无礼行为螺旋升级临界点上下级行为。

率先构建无礼行为螺旋升级行为临界点模型。以往研究较多探讨上级无礼行为螺旋升级机理研究，较少从临界点视角分析上级无礼行为螺旋升级过程的上下级行为。本研究建构上级无礼行为螺旋升级临界点行为模型，并验证上级无礼行为螺旋升级临界点行为模型。本研究按照心理测量理论中量表编制的要求，建构了四个具有较高适用性的上级无礼行为螺旋升级管理者临界点行为模型和上级无礼行为螺旋升级员工临界点行为模型。

8.3 局限与不足

本研究是建立在成熟理论基础上，对上级无礼行为螺旋升级与涓滴效应研究来说具有一定的理论意义，对组织管理来说有一定的现实意义，研究成果对偏差行为领域进行了补充，虽取得了一定的成果，但由于受主客观条件制约，本研究也存在一定的局限性：

测量工具局限性。由于自变量上级无礼行为在国内属于比较新的变量，学术界尚未有关于在中国情境下开发的上级无礼行为量表，所以本研采用了科蒂娜（Cortina）开发的外文量表，邀请相关人员对量表进行多次的翻译—回译工作，以减少中英文翻译存在的偏差。同时，本研究中大部分量表都是在西方文化背景下开发的，尽管在研究前信效度已得到验证，但由于文化背景和语言习惯存在差异，不可避免会存在一定的误差。涓滴效应研究大部分变量量表均来自国内成熟量表，量表虽应用较广，但是否符合中国情境还有待验证。此外，在上级无礼行为螺旋升级临界点行为模型研究中，虽然严格按照行为建构的过程构建了上级无礼行为螺旋升级临界点行为模型，四个行为模型也达到了各项分析指标的要求，但在访谈和发放问卷中都是以自述、自我报告的形式，可能会存在差异性和潜在信息，未来研究可继续扩大相关研究。上级无礼行为访谈提纲也存在一定的局限性，虽然提纲内容经过多位人力资源专家和企业管理者及员工进行审核修订，但也存在一定的问题，如预测试样本问题、访谈提纲内容范围问题、访谈方式等系列环境，都需要进一步进行完善和验证。

样本选择局限性。本研究由于时间和资源的局限性，仅收集横截面数据，忽视了时间效应对变量关系的影响，难以检验上级无礼行为对团队创新和员工非工作结果的动态影响。此外，在涓滴效应研究上，样本数据仅局限于湖南地区 78 个团队问卷，无法涵盖所有类型和行业的企业，研究结论说服力不强。在上级无礼行为螺旋升级研究中，访谈对象及问卷调查样本主要来自湖南、广东、江西三省的企事业单位管理者和员工，而上级无礼行为螺旋升级的地域差异、文化情境是一个较为重要的影响因素，如何研究不同文化情境下上级无礼行为螺旋升级临界点行为，有待进一步展开宽泛性的实证研究。

研究内容的局限性。本研究主要包括上级无礼行为的螺旋升级和涓滴效应两大内容，所以内容较为充实，但也还存在诸多局限性。在螺旋升级部分研究中，本研究仅针对上级无礼行为螺旋升级构建上下级无礼行为螺旋升级行为临界点模型，涉及无礼行为螺旋升级影响因素变量较少；在涓滴效应研究中，虽突破前期无礼行为仅涉及团队及员工工作层面结果效应影响研究局限性，开展了对员工非工作结果层面的分析，但对于员工非工作结果的研究仅限于员工生活满意度，其他变量暂未开展，研究结论普适性尚未得到有效的推广。

8.4 未来研究展望

相较于国外无礼行为领域的研究，国内关于无礼行为的研究起步较晚，理论和实证研究相对缺乏，但事实上组织中无礼行为的现象普遍存在，尤其是上级无礼行为的螺旋升级和涓滴效应对员工和组织都会造成较大的消极影响，因此，有必要系统、全面探讨职场中的无礼行为作用机理，从而对其进行有效的预防和控制。根据本研究的局限性，未来可能有以下研究方向。

（1）优化测量工具。现有无礼行为领域中相关变量量表绝大部分均由国外开发，而中国企业尤其是独特的企业文化和背景，与国外企业存在一定的差异性。因此，在后续研究中，为保证研究结论在国内的普适性问题，可针对中国特色的文化背景下开发出适合本土化的测量量表，与中国企业组织的发展情况相结合对无礼行为及相关变量测量问卷进行优化，这样使得研究更具有针对性和有效性。

（2）扩大样本来源。本研究中的样本在地区上存在范围小的局限性，未来研究可扩大样本数据来源，包括不同类型行业、地区的样本，保障数据的普适性和有效性。另外，在样本上要注重收集纵向数据，采用时间序列设计，通过经验取样法或现场实验法收集横、纵向数据，并且扩大样本数据来源，将更准确把握变量之间的关系以及上级无礼行为螺旋升级动态过程。

（3）拓展研究变量。第一，本研究虽然探讨了上级无礼行为对员工非工作结果产生的影响，但由于能力和资源有限，仅以两个变量作为代表，权威性远远不够，因此，未来研究可更加深入地研究上级无礼行为在员工非工作结果各方面的影响，如生活质量、吸烟、酗酒等。第二，可深入研究人格在无礼行为演变中的作用，如哪类员工会更容易遭受上级无礼对待，员工拥有资源的多少以及在职岗位高低方面是否会在应对上级无礼行为时存在差异等，这些问题都有待探究。第三，现有无礼行为对组织和团队层面的影响研究比较少，可以说无礼行为在该层面的研究还存在很大的空间。未来可以研究无礼行为对团队产出结果和团队氛围的作用机理及结果；探究组织层面的因素，如工作氛围、组织文化、组织价值观是否对管理者无礼行为滋生和扩散产生作用。这些内容都可以作为未来上级无礼行为研究的新方向。第四，关于上级无礼行为螺旋升级研究，本研究在螺旋升级方面分析，仅探讨了上下级无

礼行为临界点模型构建，对上下级螺旋升级影响因素变量研究尚未展开，即
当上级实施无礼行为时，在怎样的情境下，个体的人格特质是怎样，才会使
得无礼行为产生螺旋升级等，这些问题都还有待进一步进行分析。未来这方
面研究可在继续完善上下级无礼行为螺旋升级量表基础上，加入变量进行分
析，研究无礼行为螺旋升级相互影响理论模型。

附录

附录1 工作场所行为调查问卷（员工填写）

尊敬的女士/先生：

您好！本调查问卷是国家自然科学基金课题《上级无礼行为螺旋升级与涓滴效应：中国组织情境下多源、多层纵向研究》的组成部分，工作场所冲突是一个螺旋升级过程，通常分为三个发展阶段，最初由轻微的互动不公平感发展为具有恨意、打击报复或恶意侮辱的行为，再升级到暴力行为。本问卷仅用于学术研究，您提供的信息不会外泄，答案没有对错之分，请您放心、如实选择。感谢您的帮助！

第一部分 个人基本信息

请在下列符合您情况的选项字母上打"√"。

1. 您的性别：A. 男 B. 女

2. 您的年龄：A. 25 岁及以下 B. 26～30 岁 C. 31～35 岁 D. 36～40 岁 E. 41～45 岁 F. 46～50 岁 G. 50 岁以上

3. 最高学历：A. 大专及以下 B. 本科 C. 硕士 D. 博士

4. 您的职位：A. 普通员工 B. 基层管理者 C. 中层管理者 D. 高层管理者

5. 您的工作年限：A. 1 年以下 B. 1～5 年 C. 6～10 年 D. 11～15 年 E. 15 年以上

6. 您所在单位的性质：A. 国企及事业单位 B. 民营企业 C. 中外合资企业 D. 外商独资企业

7. 您认为您与直接主管领导的关系：A. 很好 B. 比较好 C. 一般

D. 不好　E. 非常不好

第二部分　您直接主管领导若有以下行为是否可能引发您产生恨意、打击报复或恶意污辱的意图或行为。请选择与您最相符的一个选项（单选题）。

1. 很少夸您，经常挑您的工作毛病
○完全不可能　　○不太可能　　○说不准　　○比较可能　　○非常可能

2. 当众拿您与优秀同事对比
○完全不可能　　○不太可能　　○说不准　　○比较可能　　○非常可能

3. 有意贬低您
○完全不可能　　○不太可能　　○说不准　　○比较可能　　○非常可能

4. 擅自替您答应对您不利的事情
○完全不可能　　○不太可能　　○说不准　　○比较可能　　○非常可能

5. 不兑现对您承诺的奖励
○完全不可能　　○不太可能　　○说不准　　○比较可能　　○非常可能

6. 不给您批该批准的假
○完全不可能　　○不太可能　　○说不准　　○比较可能　　○非常可能

7. 未经您同意多次抢占您的业绩和功劳
○完全不可能　　○不太可能　　○说不准　　○比较可能　　○非常可能

8. 不采纳您提出的合理建议
○完全不可能　　○不太可能　　○说不准　　○比较可能　　○非常可能

9. 不担责，将过错推卸给您
○完全不可能　　○不太可能　　○说不准　　○比较可能　　○非常可能

10. 经常指导工作思路不清，让您在工作时不知所措
○完全不可能　　○不太可能　　○说不准　　○比较可能　　○非常可能

11. 经常变换您的工作任务，对您造成困扰
○完全不可能　　○不太可能　　○说不准　　○比较可能　　○非常可能

12. 经常把个人的不良情绪迁怒于您
○完全不可能　　○不太可能　　○说不准　　○比较可能　　○非常可能

13. 有意不通知您参加应该参加的活动

○完全不可能　　○不太可能　　○说不准　　○比较可能　　○非常可能

14. 有意为难您，将困难的工作任务分配给您

○完全不可能　　○不太可能　　○说不准　　○比较可能　　○非常可能

15. 拒绝给您提供合理的工作支持

○完全不可能　　○不太可能　　○说不准　　○比较可能　　○非常可能

16. 跟同事拉帮结派疏远您

○完全不可能　　○不太可能　　○说不准　　○比较可能　　○非常可能

17. 屡次要求您在非工作时间随喊随到，并且没有给予相应回报

○完全不可能　　○不太可能　　○说不准　　○比较可能　　○非常可能

18. 多次背后议论损坏您名誉的私事

○完全不可能　　○不太可能　　○说不准　　○比较可能　　○非常可能

19. 经常无视您的发言，让您难堪

○完全不可能　　○不太可能　　○说不准　　○比较可能　　○非常可能

20. 随意进入办公室翻阅您个人物品

○完全不可能　　○不太可能　　○说不准　　○比较可能　　○非常可能

21. 事先答应帮忙却有意拖延

○完全不可能　　○不太可能　　○说不准　　○比较可能　　○非常可能

22. 多次在工作场合故意回避您

○完全不可能　　○不太可能　　○说不准　　○比较可能　　○非常可能

23. 无理由让您重复完成同一项工作

○完全不可能　　○不太可能　　○说不准　　○比较可能　　○非常可能

24. 在公开场合指着鼻子批评您

○完全不可能　　○不太可能　　○说不准　　○比较可能　　○非常可能

25. 多次点名批评您所犯的错误

○完全不可能　　○不太可能　　○说不准　　○比较可能　　○非常可能

26. 污蔑是您造成的失误

○完全不可能　　○不太可能　　○说不准　　○比较可能　　○非常可能

27. 多次在公开场合指出您的缺点

○完全不可能　　○不太可能　　○说不准　　○比较可能　　○非常可能

28. 故意揭您的"伤疤"

○完全不可能　　○不太可能　　○说不准　　○比较可能　　○非常可能

29. 不给您分配好业务

○完全不可能　　○不太可能　　○说不准　　○比较可能　　○非常可能

30. 不批准您应该报销的费用

○完全不可能　　○不太可能　　○说不准　　○比较可能　　○非常可能

31. 不能公平公正地评价您的工作，导致您没得到应有的奖励

○完全不可能　　○不太可能　　○说不准　　○比较可能　　○非常可能

32. 公开说您迟钝，质疑您的工作能力

○完全不可能　　○不太可能　　○说不准　　○比较可能　　○非常可能

33. 当众对您拍桌子、大声呵斥

○完全不可能　　○不太可能　　○说不准　　○比较可能　　○非常可能

34. 制造麻烦干扰您的工作

○完全不可能　　○不太可能　　○说不准　　○比较可能　　○非常可能

35. 威胁您的职业晋升

○完全不可能　　○不太可能　　○说不准　　○比较可能　　○非常可能

36. 指使其他同事做对您不利的事情

○完全不可能　　○不太可能　　○说不准　　○比较可能　　○非常可能

37. 同意您的请示，但事后找您麻烦

○完全不可能　　○不太可能　　○说不准　　○比较可能　　○非常可能

38. 利用职权对您进行性骚扰

○完全不可能　　○不太可能　　○说不准　　○比较可能　　○非常可能

39. 以不合理的方式惩罚您的工作失误

○完全不可能　　○不太可能　　○说不准　　○比较可能　　○非常可能

40. 经常当面挑拨您和同事的关系

○完全不可能　　○不太可能　　○说不准　　○比较可能　　○非常可能

41. 故意泄露您的个人隐私

○完全不可能　　○不太可能　　○说不准　　○比较可能　　○非常可能

42. 诅咒您在公司的发展

○完全不可能　　○不太可能　　○说不准　　○比较可能　　○非常可能

43. 回避您的利益请求

○完全不可能　　○不太可能　　○说不准　　○比较可能　　○非常可能

44. 让同事多次质疑您的工作能力

○完全不可能　　○不太可能　　○说不准　　○比较可能　　○非常可能

第三部分　您的直接主管领导若有以下行为是否可能引发您产生暴力行为的意图或行为。请选择与您最相符的一个选项（单选题）。

1. 偷听您的私密电话并告诉他人

○完全不可能　　○不太可能　　○说不准　　○比较可能　　○非常可能

2. 以各种理由拖欠您的工资

○完全不可能　　○不太可能　　○说不准　　○比较可能　　○非常可能

3. 利用权力以辞退来威胁您

○完全不可能　　○不太可能　　○说不准　　○比较可能　　○非常可能

4. 嘲讽您被抛弃的感情经历

○完全不可能　　○不太可能　　○说不准　　○比较可能　　○非常可能

5. 嘲讽您不光彩的经历

○完全不可能　　○不太可能　　○说不准　　○比较可能　　○非常可能

6. 在公开场合对您暴粗口

○完全不可能　　○不太可能　　○说不准　　○比较可能　　○非常可能

7. 偏袒其他同事，让您无偿承担他人的工作

○完全不可能　　○不太可能　　○说不准　　○比较可能　　○非常可能

8. 对您说难听的话，并作出攻击的手势

○完全不可能　　○不太可能　　○说不准　　○比较可能　　○非常可能

9. 指使同事当众嘲讽您

○完全不可能　　○不太可能　　○说不准　　○比较可能　　○非常可能

10. 联合其他领导共同打压您

○完全不可能　　○不太可能　　○说不准　　○比较可能　　○非常可能

11. 不给您道歉和解释的机会，直接训斥您

○完全不可能　　○不太可能　　○说不准　　○比较可能　　○非常可能

12. 通过微信等公众平台传播对您的侮辱性谣言

○完全不可能　　○不太可能　　○说不准　　○比较可能　　○非常可能

13. 利用关系或借口逼您离职

○完全不可能　　○不太可能　　○说不准　　○比较可能　　○非常可能

14. 故意栽赃陷害您

○完全不可能　　○不太可能　　○说不准　　○比较可能　　○非常可能

15. 公开嘲笑您生理缺陷等方面，对您进行人身攻击

○完全不可能　　○不太可能　　○说不准　　○比较可能　　○非常可能

16. 多次找理由克扣您的工资

○完全不可能　　○不太可能　　○说不准　　○比较可能　　○非常可能

17. 诅咒您家庭关系破裂

○完全不可能　　○不太可能　　○说不准　　○比较可能　　○非常可能

18. 用言语污辱您的父母

○完全不可能　　○不太可能　　○说不准　　○比较可能　　○非常可能

附录2　工作场所行为调查问卷（管理者填写）

尊敬的女士/先生：

您好！本调查问卷是国家自然科学基金课题《上级无礼行为螺旋升级与涓滴效应：中国组织情境下多源、多层纵向研究》的组成部分，工作场所冲突是一个螺旋升级过程，通常分为三个发展阶段，最初由轻微的互动不公平感发展为具有恨意、打击报复或恶意侮辱的行为，再升级到暴力行为。本问卷仅用于学术研究，您提供的信息不会外泄，答案没有对错之分，请您放心、如实选择。感谢您的帮助！

第一部分　个人基本信息

请在下列符合您情况的选项字母上打"√"。

1. 您的性别：A. 男　B. 女

2. 您的年龄：A. 25 岁及以下　B. 26 ~ 30 岁　C. 31 ~ 35 岁　D. 36 ~ 40 岁　E. 41 ~ 45 岁　F. 46 ~ 50 岁　G. 50 岁以上

3. 最高学历：A. 大专及以下　B. 本科　C. 硕士　D. 博士

4. 您的职位：A. 基层管理者　B. 中层管理者　C. 高层管理者

5. 您的工作年限：A. 1 年以下　B. 1 ~ 5 年　C. 6 ~ 10 年　D. 11 ~ 15 年 E. 15 年以上

6. 您所在单位的性质：A. 国企及事业单位　B. 民营企业　C. 中外合资企业　D. 外商独资企业

第二部分　您的下级若有以下行为是否可能引发您产生恨意、打击报复或恶意污辱的意图或行为。请选择与您最相符的一个选项（单选题）。

1. 不承认自己工作的失误

○完全不可能　○不太可能　○说不准　○比较可能　○非常可能

2. 推脱拒绝困难工作

○完全不可能　○不太可能　○说不准　○比较可能　○非常可能

3. 经常在工作中表现拖沓、不积极

○完全不可能　　○不太可能　　○说不准　　○比较可能　　○非常可能

4. 不按与您约定的时间到达

○完全不可能　　○不太可能　　○说不准　　○比较可能　　○非常可能

5. 不按照要求完成工作任务

○完全不可能　　○不太可能　　○说不准　　○比较可能　　○非常可能

6. 背后捏造关于您的不实言论

○完全不可能　　○不太可能　　○说不准　　○比较可能　　○非常可能

7. 恶意猜疑您的意图或行为

○完全不可能　　○不太可能　　○说不准　　○比较可能　　○非常可能

8. 多次不听您的合理劝导

○完全不可能　　○不太可能　　○说不准　　○比较可能　　○非常可能

9. 无视您的发言，让您难堪

○完全不可能　　○不太可能　　○说不准　　○比较可能　　○非常可能

10. 无故不回应您的电话或邮件

○完全不可能　　○不太可能　　○说不准　　○比较可能　　○非常可能

11. 多次忽视您的命令

○完全不可能　　○不太可能　　○说不准　　○比较可能　　○非常可能

12. 经常试图破坏团队氛围，妨碍您对团队的管理

○完全不可能　　○不太可能　　○说不准　　○比较可能　　○非常可能

13. 背后议论您的私事，损坏您的名誉

○完全不可能　　○不太可能　　○说不准　　○比较可能　　○非常可能

14. 煽动同事不配合您的工作

○完全不可能　　○不太可能　　○说不准　　○比较可能　　○非常可能

15. 不请示您擅自决策

○完全不可能　　○不太可能　　○说不准　　○比较可能　　○非常可能

16. 经常公开质疑您的观点

○完全不可能　　○不太可能　　○说不准　　○比较可能　　○非常可能

17. 有意回避您

○完全不可能　　○不太可能　　○说不准　　○比较可能　　○非常可能

18. 偷听您的私密电话并告诉他人

○完全不可能　　○不太可能　　○说不准　　○比较可能　　○非常可能

19. 挑拨您和同事的关系

○完全不可能　　○不太可能　　○说不准　　○比较可能　　○非常可能

20. 当众否定您的工作贡献

○完全不可能　　○不太可能　　○说不准　　○比较可能　　○非常可能

21. 公开质疑您的工作能力

○完全不可能　　○不太可能　　○说不准　　○比较可能　　○非常可能

22. 有意隐瞒一些对您有价值的信息

○完全不可能　　○不太可能　　○说不准　　○比较可能　　○非常可能

23. 有意不出席您组织的活动

○完全不可能　　○不太可能　　○说不准　　○比较可能　　○非常可能

24. 质疑您的决策

○完全不可能　　○不太可能　　○说不准　　○比较可能　　○非常可能

25. 不服从您的工作安排

○完全不可能　　○不太可能　　○说不准　　○比较可能　　○非常可能

26. 多次越级打您的小报告

○完全不可能　　○不太可能　　○说不准　　○比较可能　　○非常可能

27. 工作失误的责任推卸给您

○完全不可能　　○不太可能　　○说不准　　○比较可能　　○非常可能

28. 故意制造麻烦干扰您的工作

○完全不可能　　○不太可能　　○说不准　　○比较可能　　○非常可能

29. 故意与您的平级说您的坏话

　　○完全不可能　　○不太可能　　○说不准　　○比较可能　　○非常可能

30. 扬言威胁您在公司的发展

　　○完全不可能　　○不太可能　　○说不准　　○比较可能　　○非常可能

31. 对您暴粗口

　　○完全不可能　　○不太可能　　○说不准　　○比较可能　　○非常可能

32. 在公司考评领导工作时，故意说您坏话

　　○完全不可能　　○不太可能　　○说不准　　○比较可能　　○非常可能

33. 私自泄露您个人隐私

　　○完全不可能　　○不太可能　　○说不准　　○比较可能　　○非常可能

34. 污蔑是您造成的失误

　　○完全不可能　　○不太可能　　○说不准　　○比较可能　　○非常可能

35. 对您"阴奉阳违"

　　○完全不可能　　○不太可能　　○说不准　　○比较可能　　○非常可能

第三部分　您的下级若有以下行为是否可能引发您产生暴力行为的意图或行为。请选择与您最相符的一个选项（单选题）。

1. 对您拍桌子、大声呵斥

　　○完全不可能　　○不太可能　　○说不准　　○比较可能　　○非常可能

2. 多次违抗您的命令

　　○完全不可能　　○不太可能　　○说不准　　○比较可能　　○非常可能

3. 通过写海报等方式公开诋毁您的声誉

　　○完全不可能　　○不太可能　　○说不准　　○比较可能　　○非常可能

4. 对您说侮辱性言语，并作出攻击手势

　　○完全不可能　　○不太可能　　○说不准　　○比较可能　　○非常可能

5. 故意栽赃陷害您

　　○完全不可能　　○不太可能　　○说不准　　○比较可能　　○非常可能

6. 通过微信等公众平台传播针对您的不实言论

○完全不可能　　○不太可能　　○说不准　　○比较可能　　○非常可能

7. 当众拿您个人私事恶意羞辱您

○完全不可能　　○不太可能　　○说不准　　○比较可能　　○非常可能

8. 不接受您的解释并与您吵闹

○完全不可能　　○不太可能　　○说不准　　○比较可能　　○非常可能

9. 公开嘲笑您生理缺陷等方面，进行人身攻击

○完全不可能　　○不太可能　　○说不准　　○比较可能　　○非常可能

10. 怂恿同事当众嘲讽您

○完全不可能　　○不太可能　　○说不准　　○比较可能　　○非常可能

11. 携带危险物品（如刀具、易燃易爆品）威胁您

○完全不可能　　○不太可能　　○说不准　　○比较可能　　○非常可能

12. 公开与您争吵

○完全不可能　　○不太可能　　○说不准　　○比较可能　　○非常可能

13. 诅咒您家庭关系破裂

○完全不可能　　○不太可能　　○说不准　　○比较可能　　○非常可能

14. 用言语污辱您的父母

○完全不可能　　○不太可能　　○说不准　　○比较可能　　○非常可能

15. 嘲讽您被抛弃的感情经历

○完全不可能　　○不太可能　　○说不准　　○比较可能　　○非常可能

16. 嘲讽您不光彩的工作经历

○完全不可能　　○不太可能　　○说不准　　○比较可能　　○非常可能

17. 公开或私下顶撞您

○完全不可能　　○不太可能　　○说不准　　○比较可能　　○非常可能

附录3 工作场所行为调查问卷（主管填写）

尊敬的女士/先生：

您好！敬请您在百忙之中填写问卷！本调查问卷仅用于学术研究，对您提供的信息我们一定严格保密。您的回答没有对错之分，但每题只能有一个选择，请您在最接近您自身情况的数字上打"√"，非常感谢您的支持！

第一部分 个人基本信息

请在下列符合您情况的选项字母上打"√"。

1. 您的性别：A. 男 B. 女

2. 您的年龄：A. 25 岁及以下 B. 26～30 岁 C. 31～35 岁 D. 36～40 岁 E. 41～45 岁 F. 46～50 岁 G. 50 岁以上

3. 您目前婚姻状况是：A. 未婚 B. 已婚 C. 离异

4. 最高学历：A. 大专及以下 B. 本科 C. 硕士 D. 博士

5. 您的职位：A. 普通员工 B. 基层管理者 C. 中层管理者 D. 高层管理者

6. 您所在团队的规模：A. 5 人以下 B. 5～10 人 C. 11～20 人 D. 20 人以上

7. 您在该团队的时间：A. 1～5 年 B. 6～10 年 C. 11～15 年 D. 15 年以上

8. 您所在单位的性质：A. 国企及事业单位 B. 民营企业 C. 中外合资企业 D. 外商独资企业

第二部分 量表测量

下面是对您上级的行为的评价或对您自身感受的评价，请根据与您最相符的选项进行选择，并在对应的表格上打"√"

序号	请您根据自身感受对您直接主管的个体领导行为进行下列评价	从不	较少	一般	经常	总是
1	轻视我或用高高在上的态度对待我	1	2	3	4	5
2	用含有轻蔑、粗鲁或贬低的言语评论我	1	2	3	4	5
3	对我的工作绩效作出不公正评价	1	2	3	4	5
4	忽视我或把我排斥在同事社交圈之外	1	2	3	4	5
5	对我在工作中作出的判断表示不信任	1	2	3	4	5
6	在我说话时，打断我	1	2	3	4	5
7	忽视我所发表的意见或对我的观点缺乏兴趣	1	2	3	4	5
8	需要我参加的事务取消或改期时，却不尽早通知我	1	2	3	4	5
9	在处理与我有关的决定时，却不征求我的意见	1	2	3	4	5
10	对我用命令式口吻	1	2	3	4	5
11	不遵守约定时间，让我久等	1	2	3	4	5
12	对我说话时提高音量	1	2	3	4	5

序号	您直接主管之所以有上述行为是因为：	完全不符合	不太符合	说不准	比较符合	完全符合
1	渴望我表现出高绩效	1	2	3	4	5
2	想要提醒我关注失误及问题	1	2	3	4	5
3	想让我更加努力地工作	1	2	3	4	5
4	想要刺激我实现绩效目标	1	2	3	4	5
5	想要对我发出差错不被容忍的信息	1	2	3	4	5
6	想要破坏我的工作	1	2	3	4	5
7	想要伤害我	1	2	3	4	5
8	想伤我感情	1	2	3	4	5
9	想要损毁我的名声	1	2	3	4	5
10	想让我自己感觉不好	1	2	3	4	5

序号	请您对你所领导的团队进行下列评价	完全不符合	不太符合	说不准	比较符合	完全符合
1	团队成员能够提出新的方法以实现目标	1	2	3	4	5
2	团队成员能够想出新的、切合实际的方法来提升团队绩效	1	2	3	4	5
3	团队成员能够提出新的、提高团队工作质量的方法	1	2	3	4	5

序号	请您对你所领导的团队进行下列评价	完全不符合	不太符合	说不准	比较符合	完全符合
4	团队成员向其他成员推销自己的创新	1	2	3	4	5
5	如果给予机会，团队成员能够表现出创造力	1	2	3	4	5
6	团队成员开发出了完善的计划和流程来促进创造力	1	2	3	4	5
7	团队成员常常有新的、有创意的想法	1	2	3	4	5
8	团队成员常常能提出创造性的方法来解决问题	1	2	3	4	5
序号	请根据您所在团队目前所完成的工作情况，针对以下描述对团队总体表现进行评价	完全不符合	不太符合	说不准	比较符合	完全符合
1	团队可以在一定时间内高效地完成工作任务	1	2	3	4	5
2	团队可在财政预算内完成工作任务	1	2	3	4	5
3	团队成员能够高效率地完成工作	1	2	3	4	5
4	团队工作成果与预期目标基本一致	1	2	3	4	5
5	团队成员在工作中愉快地合作	1	2	3	4	5
6	团队成员在工作任务的合作过程中得到锻炼和成长	1	2	3	4	5
7	团队成员期待与其他团队成员进行更深入和持久的合作及共同完成企业任务	1	2	3	4	5

附录4　工作场所行为调查问卷（员工填写）

尊敬的女士/先生：

您好！敬请您在百忙之中填写问卷！本调查问卷仅用于学术研究，对您提供的信息我们一定严格保密。您的回答没有对错之分，但每题只能有一个选择，请您在最接近您自身情况的数字上打"√"，非常感谢您的支持！

第一部分　个人基本信息

请在下列符合您情况的选项字母上打"√"。

1. 您的性别：A. 男　B. 女

2. 您的年龄：A. 25 岁及以下　B. 26～30 岁　C. 31～35 岁　D. 36～40 岁　E. 41～45 岁　F. 46～50 岁　G. 50 岁以上

3. 您目前婚姻状况是：A. 未婚　B. 已婚　C. 离异

4. 最高学历：A. 大专及以下　B. 本科　C. 硕士　D. 博士

5. 您的职位：A. 普通员工　B. 基层管理者　C. 中层管理者　D. 高层管理者

6. 您在该团队的时间：A. 1~5年　B. 6~10年　C. 11~15年　D. 15年以上

第二部分　量表测量

下面是对您上级行为的评价或对您自身感受的评价，请根据与您最相符的选项进行选择，并在对应的表格上打"√"。

序号	请您根据自身感受对您直接主管的个体领导行为进行下列评价	从不	较少	一般	经常	总是
1	轻视我或用高高在上的态度对待我	1	2	3	4	5
2	用含有轻蔑、粗鲁或贬低的言语评论我	1	2	3	4	5
3	对我的工作绩效作出不公正评价	1	2	3	4	5
4	忽视我或把我排斥在同事社交圈之外	1	2	3	4	5
5	对我在工作中作出的判断表示不信任	1	2	3	4	5
6	在我说话时，打断我	1	2	3	4	5
7	忽视我所发表的意见或对我的观点缺乏兴趣	1	2	3	4	5
8	需要我参加的事务取消或改期时，却不尽早通知我	1	2	3	4	5
9	在处理与我有关的决定时，却不征求我的意见	1	2	3	4	5
10	对我用命令式口吻	1	2	3	4	5
11	不遵守约定时间，让我久等	1	2	3	4	5
12	对我说话时提高音量	1	2	3	4	5

序号	您直接主管之所以有上述行为是因为：请您根据自身感受进行归因	完全不符合	不太符合	说不准	比较符合	完全符合
1	渴望我表现出高绩效	1	2	3	4	5
2	想要提醒我关注失误及问题	1	2	3	4	5
3	想让我更加努力地工作	1	2	3	4	5
4	想要刺激我实现绩效目标	1	2	3	4	5
5	想要对我发出差错不被容忍的信息	1	2	3	4	5

序号	您直接主管之所以有上述行为是因为：请您根据自身感受进行归因	完全不符合	不太符合	说不准	比较符合	完全符合
6	想要破坏我的工作	1	2	3	4	5
7	想要伤害我	1	2	3	4	5
8	想伤我感情	1	2	3	4	5
9	想要损毁我的名声	1	2	3	4	5
10	想让我自己感觉不好	1	2	3	4	5

序号	请您根据您所在团队的实际情况和感受进行填写	完全不符合	不太符合	说不准	比较符合	完全符合
1	如果我在团队里犯了错，团队成员常会因此而对我有意见	1	2	3	4	5
2	所在团队的成员能够提出问题及难题	1	2	3	4	5
3	在这个团队中，有时与大多数人表现不一样的人会遭到排斥	1	2	3	4	5
4	在这个团队中做冒险的事是安全的	1	2	3	4	5
5	在这个团队中，寻求其他成员的帮助很困难	1	2	3	4	5
6	在这个团队中，没有人会故意诋毁、破坏我的努力	1	2	3	4	5
7	与团队成员一起工作，我个人的技术和能力得到重视和发挥	1	2	3	4	5

序号	请您根据自身对婚姻的体验和感受	完全不符合	不太符合	说不准	比较符合	完全符合
1	我有一个好婚姻	1	2	3	4	5
2	我与爱人的关系很稳定	1	2	3	4	5
3	我与爱人的婚姻是牢固的	1	2	3	4	5
4	与爱人的关系让我感到幸福	1	2	3	4	5
5	我真正觉得我和爱人是一个团队	1	2	3	4	5
6	综合考虑各种因素，觉得自己的婚姻非常幸福	1	2	3	4	5

序号	请根据过去几周以来您对自己生活状况的看法和感受	完全不符合	不太符合	说不准	比较符合	完全符合
1	在大多数情况下我的生活接近我想过的生活	1	2	3	4	5
2	我的生活条件非常好	1	2	3	4	5

续表

序号	请根据过去几周以来您对自己生活状况的看法和感受	完全 不符合	不太 符合	说不准	比较 符合	完全 符合
3	我对生活感到满意	1	2	3	4	5
4	迄今为止我已经得到我生活中想要得到的最重要的东西	1	2	3	4	5
5	如果生活可以重新来过，我几乎什么都不想改变	1	2	3	4	5

请确认问卷填写完整！

调查完毕！非常感谢您的支持，祝您工作顺利！万事如意！

参考文献

［1］Aiken, L. S. , & West, S. G. . Multiple Regression: Testing and Interpreting Interaction ［M］. Newbury Park: Sage, 1991.

［2］Amabile, T. M. . A Model of Creativity and Innovation in Organization ［J］. Research in Organizational Behavior, 1988, 10 (1): 123 – 167.

［3］Amabile, T. M. , Conti, R. , & Coon H. , et al. . Assessing the Work Environment for Creativity ［J］. Academy of Management Journal, 1996, 39 (5): 1154 – 1184.

［4］Anderson, C. A. , & Bushman, B. J. . Human Aggression ［J］. Annual Review of Psychology, 2002, 53 (2): 27 – 51.

［5］Anderson, N. R. , & West, M. A. . Measuring Climate for Work Group Innovation: Development and Validation of the Team Climate Inventory ［J］. Journal of Organizational Behavior: The International Journal of Industrial, Occupational and Organizational Psychology and Behavior, 1998, 19 (3): 235 – 258.

［6］Andersson, L. M. , & Pearson, C. M. . Tit for Tat? The Spiraling Effect of Incivility in the Workplace ［J］. Academy of Management Review, 1999, 24 (3): 452 – 471.

［7］Armstrong-Stassen, M. , & Schlosser, F. . Perceived Organizational Membership and the Retention of Older Workers ［J］. Journal of Organizational Behavior, 2011, 32 (2): 319 – 344.

［8］Aryee, S. , Chen, Z. X. , Sun, L. Y. , & Debrah, Y. A. . Antecedents and Outcomes of Abusive Supervision: Test of a Trickle-down Model ［J］. Journal of

Applied Psychology, 2007, 92 (1): 191.

[9] Bandura, A.. The Explanatory and Predictive Scope of Self-efficacy Theory [J]. Journal of Social and Clinical Psychology, 1986, 4 (3): 359 – 373.

[10] Barling, J., Dupre, K. E., & Kellwoway, E. K.. Predicting Workplace Aggression and Violence [J]. Annual Review of Psychology, 2009, 60 (4): 671 – 692.

[11] Baron, R. A., Neuman, J. H., & Geddes, D.. Social and Personal Determinants of Workplace Aggression: Evidence for the Impact of Perceived Injustice and the Type A Behavior Pattern [J]. Aggressive Behavior: Official Journal of the International Society for Research on Aggression, 1999, 25 (4): 281 – 296.

[12] Baumeister, R. F., Bratslavsky, E., & Finkenauer, C., et al.. Bad is Stronger than Good [J]. Review of General Psychology, 2001, 5 (4): 323 – 370.

[13] Baumeister, R. F., Heatherton, T. F., & Tice, D. M.. Losing Control: How and Why People Fail at Self-regulation [M]. Academic Press, 1994.

[14] Beanie, L., & Griffin, B.. Accounting for Within-person Differences in How People Respond to Daily Incivility at Work [J]. Journal of Occupational and Organizational Psychology, 2014, 87 (3): 625 – 644.

[15] Black, J. S.. Locus of Control, Social Support, Stress, and Adjustment in International Transfers [J]. Asia Pacific Journal of Management, 1990, 7 (1): 1 – 29.

[16] Blau, G., & Andersson, L.. Testing a Measure of Instigated Workplace Incivility [J]. Journal of Occupational and Organizational Psychology, 2005, 78 (4): 595 – 614.

[17] Blau, P.. Exchange and Power in Social Life [M]. New York: Wiley, 1964.

[18] Bradley, B. H., Postlethwaite, B. E., & Klotz, A. C., et al.. Reaping

the Benefits of Task Conflict in Teams: The Critical Role of Team Psychological Safety Climate [J]. Journal of Applied Psychology, 2012, 97 (1): 151 –158.

[19] Breevaart, K. , & de Vries , R. E. . Supervisor's HEXACO Personality Traits and Subordinate Perceptions of Abusive Supervision [J]. The Leadership Quarterly, 2017, 28 (5): 691 –700.

[20] Bunk, J. A. , & Magley, V. J. . The Role of Appraisals and Emotions in Understanding Experiences of Workplace Incivility [J]. Journal of Occupational Health Psychology, 2013, 18 (1): 87 –105.

[21] Buonocore, F. , Metallo, C. , & Salvatore, D. . Behavioral Consequences of Job Insecurity and Perceived Insider Status for Contingent Workers [C] //System Congress. 2009: 1 –29.

[22] Buss, A. H. , &Perry, M. . The Aggression Questionnaire [J]. Journal of Personality and Social Psychology, 1992, 63 (3): 452 –459.

[23] Cervone, D. , & Shoda, Y. . The Coherence of Personality: Social-Cognitive Bases of Consistency, Variability , and Organization [M]. New York: Guilford Press, 1999.

[24] Chan, K. S. . Locus of Control and Achievement Motivation-critical Factors in Educational Psychology [J]. Psychology in the Schools, 1978, 15 (1): 104 –110.

[25] Chan, M. L. E. , & McAllister, D. J. . Abusive Supervision through the Lens of Employee State Paranoia [J]. Academy of Management Review, 2014, 39 (1): 44 –66.

[26] Chen, G. , Sharma, P. N. , & Edinger, S. K. , et al. . Motivating and Demotivating Forces in Teams: Cross-level Influences of Empowering Leadership and Relationship Conflict [J]. Journal of Applied Psychology, 2011, 96 (3): 541 –557.

[27] Chen, Y. , Ferris, D. L. , & Kwan, H. K. , et al. . Self-love's Lost

Labor: A Self-enhancement Model of Workplace Incivility [J]. Academy of Management Journal, 2013, 56 (4): 1199 – 1219.

[28] Chen, Z. X., & Aryee, S.. Delegation and Employee Work Outcomes: An Examination of the Cultural Context of Mediating Processes in China [J]. Academy of Management Journal, 2007, 50 (1): 226 – 238.

[29] Cortina, L. M., Kabat-Farr, D., & Leskinen, E. A., et al.. Selective Incivility as Modern Discrimination in Organizations: Evidence and Impact [J]. Journal of Management, 2013, 39 (6): 1579 – 1605.

[30] Cortina, L. M., & Magley, V. J.. Patterns and Profiles of Response to Incivility in the Workplace [J]. Journal of Occupational Health Psychology, 2009, 14 (3): 272 – 288.

[31] Cortina, L. M., Magley, V. J., & Williams, J. H., et al.. Incivility in the Workplace: Incidence and Impact [J]. Journal of Occupational Health Psychology, 2001, 6 (1): 64 – 80.

[32] Cropanzano, R., Li, A., & Benson, L.. Peer Justice and Teamwork Process [J]. Group & Organization Management, 2011, 36 (5): 567 – 596.

[33] De Dreu, C. K. W., &Van Vianen, A. E. M.. Managing Relationship Conflict and the Effectiveness of Organizational Teams [J]. Journal of Organizational Behavior, 2001, 22 (3): 309 – 328.

[34] Deci, E. L., & Ryan, R. M.. Self-determination Theory: When Mind Mediates Behavior [J]. The Journal of Mind and Behavior, 1980, 1 (1): 33 – 43.

[35] Diener, E.. Traits Can be Powerful, but are not Enough: Lessons from Subjective Well-being [J]. Journal of Research in Personality, 1996, 30 (3): 389 – 399.

[36] Eberly, M. B., Holley, E. C., & Johnson, M. D., et al.. Beyond Internal and External: A Dyadic Theory of Relational Attributions [J]. Academy of Management Review, 2011, 36 (4): 731 – 753.

[37] Eckhardt, C., Norlander, B., & Deffenbacher, J.. The Assessment of Anger and Hostility: A Critical Review [J]. Aggression and Violent Behavior, 2004, 9 (1): 17 –43.

[38] Edmondson, A.. Psychological Safety and Learning Behavior in Work Teams [J]. Administrative Science Quarterly, 1999, 44 (2) : 350 –383.

[39] Edwards, J. R., & Lambert, L. S.. Methods for Integrating Moderation and Mediation: A General Analytical Framework Using Moderated Path Analysis [J]. Psychological Methods, 2007, 12 (1): 1 –22.

[40] Emerson, R. M.. Social Exchange Theory [J]. Annual Review of Sociology, 1976, 2 (1): 335 –362.

[41] Farh, C. I. C., & Chen, Z.. Beyond the Individual Victim: Multilevel Consequences of Abusive Supervision in Teams [J]. Journal of Applied Psychology, 2014, 99 (6): 1074 –1095.

[42] Fornell, C., & Larcker, D. F.. Evaluating Structural Equation Models with Unobservable Variables and Measurement Error [J]. Journal of Marketing Research, 1981, 18 (1): 39 –50.

[43] George, J. M., & Zhou, J.. When Openness to Experience and Conscientiousness are Related to Creative Behavior: An Interactional Approach [J]. Journal of Applied Psychology, 2001, 86 (3) : 513 –524.

[44] Gladwell, M.. The Tipping Point: Why is the City Suddenly So Much Safer-Could It Be That Crime Really is an Epidemic? [J]. The New Yorker, 1996, 72 (14): 32 –38.

[45] Glenn, N. D.. The Course of Marital Success and Failure in Five American 10-Year Marriage Cohorts [J]. Journal of Marriage and the Family, 1998, 60 (3): 569 –576.

[46] Goldstein, I. L., et al.. Learning Research Laboratory: Proposed Research Issues [R]. UNIVERSAL ENERGY SYSTEMS INC DAYTON OH, 1986,

15 (6): 429 – 456.

[47] Gong, Y., Kim, T. Y., & Lee, D. R., et al.. A Multilevel Model of Team Goal Orientation, Information Exchange, and Creativity [J]. Academy of Management Journal, 2013, 56 (3): 827 – 851.

[48] Gouldner, A. W.. The Norm of Reciprocity: A Preliminary Statement [J]. American Sociologial Review, 1960, 23 (4): 161 – 178.

[49] Hackman, J. R., & Oldham, G. R.. Motivation through the Design of Work: Test of a Theory [J]. Organizational Behavior and Human Performance, 1976, 16 (2): 250 – 279.

[50] Hannah, S. T., Schaubroeck, J. M., & Peng, A. C., et al.. Joint Influences of Individual and Work Unit Abusive Supervision on Ethical Intentions and Behaviors: A Moderated Mediation Model [J]. Journal of Applied Psychology, 2013, 98 (4): 579 – 592.

[51] Harris, K. J., Harvey, P., Harris, R. B., & Cast, M.. An Investigation of Abusive Supervision, Vicarious Abusive Supervision, and Their Joint Impacts [J]. The Journal of Social Psychology, 2013, 153 (1): 38 – 50.

[52] Hershcovis, M. S., & Barling, J.. Towards a Multi-foci Approach to Workplace Aggression: A Meta-analyticc Review of Outcomes from Different Perpetrators [J]. Journal of Organizational Behavior, 2010, 31 (1): 24 – 44.

[53] Hershcovis, M. S., Ogunfowora, B., & Reich, T. C., et al.. Targeted Workplace Incivility: The Roles of Belongingness, Embarrassment, and Power [J]. Journal of Organizational Behavior, 2017, 38 (7): 1057 – 1075.

[54] Hoever, L. J., Van Knippenberg, D., Van Ginkel, W. P., & Barkema, H. G.. Fostering Team Creativity: Perspective Taking as Key to Unlocking Diversity's Potential [J]. Journal of Applied Psychology, 2012, 97 (5): 982 – 996.

[55] Hofmann, W., & Van Dillen, L.. Desire: The New Hot Spot in Self-

control Research [J]. Current Directions in Psychological Science, 2012, 21 (5): 317 – 322.

[56] Hofstede, G.. Culture's Consequences: Comparing Values, Behaviors, Institutions, and Organizations Across Nations [M]. Thousand Oaks: Sage Publication Inc, 2001.

[57] Homan, G. C.. Social Behavior as Exchange [J]. American Journal of Sociology, 1958, 63 (6): 597 – 606.

[58] Hong, Y. , Liao, H. , Raub, S. , & Han, J. H.. What It Takes to Get Proactive: An Integrative Multilevel Model of the Antecedents of Personal Initiative [J]. Journal of Applied Psychology, 2016, 101 (5): 687 – 701.

[59] Hoobler, J. M. , & Brass, D. J.. Abusive Supervision and Family Undermining as Displaced Aggression [J]. Journal of Applied Psychology, 2006, 91 (5): 1125 – 1133.

[60] Huebner, E. S.. Preliminary Development and Validation of a Multidimensional Life Satisfaction Scale for Children [J]. Psychological Assessment, 1994, 6 (2): 149 – 162.

[61] Jian, Z. , Kwan, H. K. , & Qiu, Q. , et al.. Abusive Supervision and Frontline Employees' Service Performance [J]. The Service Industries Journal, 2012, 32 (5): 683 – 698.

[62] Judge, T. A. , & Locke, E. A. , et al.. Dispositional Effects on Job and Life Satisfaction: The Role of Core Evaluations [J]. Journal of Applied Psychology, 1998, 83 (1): 17 – 34.

[63] Kahn, W. A.. Psychology Conditions of Personal Engagement and Disengagement at Work [J]. Academy of Management Journal, 1990, 33 (4): 692 – 724.

[64] Katz-Navon, T. Y. , & Erez, M.. When Collective-and Self-efficacy Affect Team Performance: The Role of Task Interdependence [J]. Small Group

Research, 2005, 36 (4): 437 –465.

[65] Kluemper, D. H., Mossholder, K. W., & Ispas, D., et al.. When Core Self-evaluations Influence Employees' Deviant Reactions to Abusive Supervision: The Moderating Role of Cognitive Ability [J]. Journal of Business Ethics, 2018 (4): 1 –19.

[66] Krasikova, D. V., Green, S. G., & Lebreton, J. M.. Destructive Leadership: A Theoretical Review, Integration, and Future Research Agenda [J]. Journal of Management, 2013, 39 (5): 1308 –1338.

[67] Lawler, E. J., & Thye, S. R. O.. Bringing Emotions into Social Exchange Theory [J]. Annual Review of Sociology, 1999, 25 (1): 217 –244.

[68] Lawrence, E. A., & Winschel, J. F.. Locus of Control: Implications for Special Education [J]. Exceptional Children, 1975, 41 (7): 483 –490.

[69] Leenders, R. T. A. J., Van Engelen, J. M. L., & Kratzer, J.. Virtuality, Communication, and New Product Team Creativity: A Social Network Perspective [J]. Journal of Engineering and Technology Management, 2003, 20 (1 –2): 69 –92.

[70] Leung, J. P., & Leung, K.. Life Satisfaction, Self-concept and Disapproval on Delinquent Behavior in Adolescence [J]. Journal of Youth and Adolescence, 1992, 18 (3): 345 –359.

[71] Leymann, H.. The Content and Development of Mobbing at Work [J]. European Journal of Work and Organizational Psychology, 1996, 5 (2): 165 –184.

[72] Lian, H., Brown, D. J., & Ferris, D. L., et al.. Abusive Supervision and Retaliation: A Self-control Framework [J]. Academy of Management Journal, 2014, 57 (1): 116 –139.

[73] Lian, H., Ferris, D. L., & Brown, D. J.. Does Power Distance Exacerbate or Mitigate the Effects of Abusive Supervision? It Depends on the Outcome [J]. Journal of Applied Psychology, 2012, 97 (1): 107 –123.

［74］Liang, L. , Lian, H. , & Brown, D. , et al. . Subordinate Perform-ance and Abusive Supervision: The Role of Supervisor Self-control. ［J］. Academy of Management, 2014, 56 (6): 108 – 139.

［75］Lim, S. , Cortina, L. M. , & Magley, V. J. . Personal and Workgroup Incivility : Impact on Work and Health Outcomes ［J］. Journal of Applied Psychol-ogy, 2008, 93 (1): 95 – 111.

［76］Liu, D. , Liao, H. , & Loi, R. . The Dark Side of Leadership: A Three-level Investigation of the Cascading Effect of Abusive Supervision on Employee Creativity ［J］. Academy of Management Journal, 2012, 55 (5): 1187 – 1212.

［77］Luckenbill, D. F. . Criminal Homicide as a Situated Transaction ［J］. Social Problems, 1977, 25 (2): 176 – 186 .

［78］Martin, R. J. , & Hine, D. W. . Development and Validation of the Uncivil Workplace Behavior Questionnaire ［J］. Journal of Occupational Health Psy-chology, 2005, 10 (4): 477 – 490.

［79］Martinko, M. J. , Harvey, P. , & Brees, J. R. , et al. . A Review of Abusive Supervision Research ［J］. Journal of Organizational Behavior, 2013, 34 (S1): S120 – S137.

［80］Martinko, M. J. , Harvey, P. , & Dasborough, M. T. . Attribution Theory in the Organizational Sciences: A Case of Unrealized Potential ［J］. Journal of Organizational Behavior, 2011, 32 (1): 144 – 149.

［81］Martinko, M. J. , Harvey, P. , & Douglas, S. C. . The Role, Func-tion, and Contribution of Attribution Theory to Leadership: A Review ［J］. The Leadership Quarterly, 2007, 18 (6): 561 – 585.

［82］Matthews, R. A. , & Ritter, K. J. . A Concise, Content Valid, Gen-der Invariant Measure of Workplace Incivility ［J］. Journal of Occupational Health Psychology, 2016, 21 (3): 352 – 365.

［83］Mawritz, M. B. , & Dust, S. B. . Hostile Climate, Abusive Supervision, and Employee Coping: Does Conscientiousness Matter? [J]. Journal of Applied Psychology, 2014, 99 (4): 737 – 747.

[84] McCord, M. A., Joseph, D. L., & Dhanani, L. Y., et al.. A Meta-analysis of Sex and Race Differences in Perceived Workplace Mistreatment [J]. Journal of Applied Psychology, 2018, 103 (2): 137 – 163.

[85] McGrath, J. E.. Social Psychology: A Brief Introduction [M]. New York: Holt, Rinehart and Winston, 1964.

[86] Meier, L. L., & Gross, S.. Episodes of Incivility between Subordinates and Supervisors: Examining the Role of Self-control and Time with an Interaction-record Diary Study [J]. Journal of Organizational Behavior, 2015, 36: 1096 – 1113.

[87] Meister, A., Jehn, K. A., & Thatcher, S. M. B.. Feeling Misidentified: The Consequences of Internal Identity Asymmetries for Individuals at Work [J]. Academy of Management Review, 2014, 39 (4): 488 – 512.

[88] Mikula, G.. Testing an Attribution-of-blame Model of Judgments of Injustice [J]. European Journal of Social Psychology, 2003, 33 (6): 793 – 811.

[89] Miller, A. B., & Lenzenweger, M. F.. Schizotypy, Social Cognition, and Interpersonal Sensitivity [J]. Personality Disorders : Theory, Research, and Treatment, 2012, 3 (4): 379 – 392.

[90] Mitchell, M. S., & Ambrose, M. L.. Abusive Supervision and Workplace Deviance and the Moderating Effects of Negative Reciprocity Beliefs [J]. Journal of Applied Psychology, 2007, 92 (4): 1159 – 1168.

[91] Mumford, M. D., & Gustafson, S. B.. Creativity Syndrome: Integration, Application, and Innovation [J]. Psychological Bulletin, 1988, 103 (1): 27 – 43.

[92] Nadler, A., Ellis. S., & Bar, I.. To Seek or Not to Seek: The Relationship Between Help Seeking and Job Performance Evaluations as Moderated by

Task-relevant Expertise [J]. Journal of Applied Social Psychology, 2003, 33 (1): 91 –109.

[93] Nicholson, T. , & Griffin, B.. Here Today but Not Gone Tomorrow: Incivility Affects After-work and Next-day Recovery [J]. Journal of Occupational Health Psychology, 2015, 20 (2): 218 –225.

[94] Park, Y. , Fritz, C. , & Jex, S. M.. Daily Cyber Incivility and Distress: The Moderating Roles of Resources at Work and Home [J]. Journal of Management, 2015, 108 (4): 445 –467.

[95] Paulus, P. B.. Developing Consensus about Groupthink after All These Years [J]. Organizational Behavior and Human Decision Processes, 1998, 73 (2): 362 –374.

[96] Pcharlotte, P. C.. A Diagnostic Approach to Measuring and Managing Workplace Aggression [J] . Journal of Human Resource Management, 2005, 3 (1): 1 –5.

[97] Pearson, C. M. , Andersson, L. M. , & Porath, C. L.. Assessing and Attacking Workplace Incivility [J]. Organizational Dynamics, 2000, 29 (2): 123 –137.

[98] Pearson, C. M. , & Porath, C. L.. On the Nature, Consequences and Remedies of Workplace Incivility: No Time For "Nice"? Think Again [J]. Academy of Management Perspectives, 2005, 19 (1): 7 –18.

[99] Peng, Z. , Mashayekh, A. , & Zhu, Q.. Erythrocyte Responses in Low-shear-rate Flows: Effects of Non-biconcave Stress-free State in the Cytoskeleton [J]. Journal of Fluid Mechanics, 2014, 742 (3): 96 –118.

[100] Perry-Smith, J. E. , & Shalley, C. E.. A Social Composition View of Team Creativity: The Role of Member Nationality-heterogeneous Ties Outside of the Team [J]. Organization Science, 2014, 25 (5): 1434 –1452.

[101] Podsakoff, P. M. , Mackenzie, S. B. , & Podsakoff, N. P.. Sources

of Method Bias in Social Science Research and Recommendations on How to Control It [J]. Annual Review of Psychology, 2012, 63 (2): 539 – 569.

[102] Porath, C. L. , & Erez, A. . Does Rudeness Really Matter? The Effects of Rudeness on Task Performance and Helpfulness [J]. Academy of Management Journal, 2007, 50 (5): 1181 – 1197.

[103] Porath, C. L. , Overbeck, J. R. , & Pearson, C. M. . Picking Up the Gauntlet: How Individuals Responds to Statue Challenges [J]. Journal of Applied Psychology, 2008, 38 (7): 1945 – 1980.

[104] Porath, C. L. , & Pearson, C. M. . Emotional and Behavioral Responses to Workplace Incivility and the Impact of Hierarchical Status [J]. Journal of Applied Social Psychology, 2012, 42 (6): 326 – 357.

[105] Priesemuth, M. , Schminke, M. , & Ambrose, M. L. , et al. . Abusive Supervision Climate: A Multiple-mediation Model of Its Impact on Group Outcomes [J]. Academy of Management Journal, 2014, 57 (5): 1513 – 1534.

[106] Rego, A. , Sousa, F. , & Marques, C. , et al. . Authentic Leadership Promoting Employees' Psychological Capital and Creativity [J]. Journal of Business Research, 2012, 65 (3): 429 – 437.

[107] Richter, A. W. , West, M. A. , & Van Dick. R. , et al. . Boundary Spanners' Identification, Inter-group Contact, and Effective Inter-group Relations [J]. Academy of Management Journal, 2006, 49 (6): 1252 – 1269.

[108] Rotter, J. B. . Internal Versus External Control of Reinforcement: A Case History of a Variable [J]. American Psychologist, 1990, 45 (4): 489 – 493.

[109] Ryan, R. , & Deci, E. L. . Self-determination Theory and the Facilitation of Intrinsic Motivation, Social Development and Well-being [J]. American Psychologist, 2000, 55 (1): 68 – 78.

[110] Salancik, G. R. , & Pfeffer, J. . A Social Information Processing Approach to Job Attitudes and Task Design [J]. Administrative Science Quarterly,

1978, 23 (2): 224 – 253.

[111] Schneider, B.. The People Make the Place [J]. Personnel Psychology, 1987, 40 (3): 437 – 453.

[112] Scott, S. G., & Bruce, R. A.. Determinants of Innovative Behavior: A Path Model of Individual Innovation in the Work Place [J]. Academy of Management Journal, 1994, 37 (3): 580 – 607.

[113] Shalley, C. E., & Gilson, L. L.. What Leaders Need to Know: A Review of Social and Contextual Factors That Can Foster or Hinder Creativity [J]. The Leadership Quarterly, 2004, 15 (1): 33 – 53.

[114] Shalley, C. E., Gilson, L. L., & Blum, T. C.. Interactive Effects of Growth Need Strength, Work Context, and Job Complexity on Self-reported Creative Performance [J]. Academy of Management Journal, 2009, 52 (6): 489 – 505.

[115] Shalley, C. E., Zhou, J., & Oldham, G. R.. The Effects of Personal and Contextual Characteristics on Creativity: Where should We Go from Here? [J]. Journal of Management, 2004, 30 (6): 933 – 958.

[116] Sharifirad, M. S.. Can Incivility Impair Team's Creative Performance through Paralyzing Employee's Knowledge Sharing? A Multi-level Approach [J]. Leadership & Organization Development Journal, 2016, 37 (2): 200 – 225.

[117] Shaw, J. D., Duffy, M. K., & Stark, E. M.. Interdependence and Preference for Group Work: Main and Congruence Effects on the Satisfaction and Performance of Group Members [J]. Journal of Management, 2000, 26 (2): 259 – 279.

[118] Shin, D. C., & Johnson, D. M.. Avowed Happiness as an Overall Assessment of the Quality of Life [J]. Social Indicators Research, 1978, 5 (1 – 4): 475 – 492.

[119] Shin, S. J., & Zhou, J.. Transformational Leadership, Conserva-

tion, and Creativity: Evidence from Korea [J]. Academy of Management Journal, 2003, 46 (6): 703 – 714.

[120] Shin, S. J., & Zhou, J.. When is Educational Specialization Heterogeneity Related to Creativity in Research and Development Teams? Transformational Leadership as a Moderator [J]. Journal of Applied Psychology, 2007, 92 (6): 1709 – 1721.

[121] Shoss, M. K., Eisenberger, R., & Restubog, S. L. D., et al.. Blaming the Organization for Abusive Supervision: The Roles of Perceived Organizational Support and Supervisor's Organizational Embodiment [J]. Journal of Applied Psychology, 2013, 98 (1): 158 – 168.

[122] Simon, B., & Klandermans, B.. Politicized Collective Identity: A Social Psychological Analysis [J]. American Psychologist, 2001, 56 (4): 319 – 331.

[123] Snyder, C. R., Crowson, J., & Kurylo, M., et al.. Assessing Hostile Automatic Thoughts: Development and Validation of the HAT Scale [J]. Cognition Therapy and Research, 1997, 21 (4): 477 – 492.

[124] Somech, A., Desivilya, H. S., & Lidogoster, H.. Team Conflict Management and Team Effectiveness: The Effects of Task Interdependence and Team Identification [J]. Journal of Organizational Behavior, 2009, 30 (3): 359 – 378.

[125] Spanier, G. B.. Measuring Dyadic Adjustment: New Scales for Assessing the Quality of Marriage and Similar Dyads [J]. Journal of Marriage and the Family, 1976, 38 (4): 15 – 28.

[126] Stamper, C. L., & Masterson, S. S.. Insider or Outsider? How Employee Perceptions of Insider Status Affect Their Work Behavior [J]. Journal of Organizational Behavior, 2002, 23 (8): 875 – 894.

[127] Sullivan, K. T., Pasch, L. A., & Johnson, M. D., et al.. Social Support, Problem Solving, and The Longitudinal Course of Newlywed Marriage

[J]. Journal of Personality and Social Psychology, 2010, 98 (4): 631 –644.

[128] Sung, S. Y. , & Choi, J. N. . Effects of Team Knowledge Management on the Creativity and Financial Performance of Organizational Teams [J]. Organizational Behavior and Human Decision Processes, 2012, 118 (1): 4 –13.

[129] Taylor, S. G. , & Kluemper, D. H. . Linking Perceptions of Role Stress and Incivility to Workplace Aggression: The Moderating Role of Personality [J]. Journal of Occupational Health Psychology, 2012, 17 (3): 316 –329.

[130] Tedeschi, J. T. , & Felson, R. B. . Violence, Aggression, and Coercive Actions [M]. Washington, DC: American Psychological Association, 1994.

[131] Tepper, B. J. . Abusive Supervision in Work Organizations: Review, Synthesis, and Research Agenda [J]. Journal of Management, 2007, 33 (3): 261 –289.

[132] Tepper, B. J. , Carr, J. C. , & Breaux, D. M. , et al. . Abusive Supervision, Intentions to Quit, and Employees' Workplace Deviance: A Power Dependence Analysis [J] Organizational Behavior and Human Decision Processes, 2009, 109 (2): 156 –167.

[133] Tepper, B. J. , Mitchell, M. S. , & Haggard, D. L. , et al. . On The Exchange of Hostility with Supervisors: An Examination of Self-enhancing and Self-defeating Perspectives [J]. Personnel Psychology, 2015, 68 (4): 723 –758.

[134] Tepper, B. J. , Moss, S. E. , & Duffy, M. K. . Predictors of Abusive Supervision: Supervisor Perceptions of Deep-level Dissimilarity, Relationship Conflict, and Subordinate Performance [J]. Academy of Management Journal, 2011, 54 (2): 279 –294.

[135] Tierney, P. , Farmer, S. M. , & Graen, G. B. . An Examination of Leadership and Employee Creativity: The Relevance of Traits and Relationships [J]. Personnel Psychology, 1999, 52 (3): 591 –620.

[136] Tjosvold, D. , Tang, M. M. L. , & West, M. . Reflexivity for Team

Innovation in China: The Contribution of Goal Interdependence [J]. Group & Organization Management, 2004, 29 (5): 540 – 559.

[137] Tong, J. , & Wang, L. . Validation of Locus of Control Scale in Chinese Organizations [J]. Personality and Individual Differences, 2006, 41 (5): 941 – 950.

[138] Tynan, R. . The Effect of Threat Sentient and Face Give on Dyadic Psychology and Upward Communication [J]. Journal of Applied Social Psychology, 2005, 36 (1): 224 – 248.

[139] Van der Vegt, G. S. , & Janssen, O. . Joint Impact of Interdependence and Group Diversity on Innovation [J]. Journal of Management, 2003, 29 (5): 729 – 751.

[140] Wang, J. , & Kim, T. Y. . Proactive Socialization Behaviour in China: The Mediating Role of Perceived Insider Status and the Moderating Role of Supervisor's Traditionality [J]. Journal of Organizational Behavior, 2013, 34 (3): 389 – 406.

[141] Wang, M. , Liao, H. , Zhan, Y. , & Shi, J. . Daily Customer Mistreatment and Employee Sabotage Against Customers: Examining Emotion and Resource Perspectives [J]. Academy of Management Journal, 2011, 54 (2): 312 – 334.

[142] Wee, E. X. M. , Liao, H. , & Liu, D. , et al. . Moving from Abuse to Reconciliation: A Power-dependence Perspective on When and How a Follower Can Break the Spiral of Abuse [J]. Academy of Management Journal, 2017, 60 (6): 2352 – 2380.

[143] Wilson, J. Q. , & Kelling, G. L. . The Police and Neigborhood Safety: Broken Windows [J]. Atlantic Monthly, 1982, 127 (2): 29 – 38.

[144] Wo, D. X. H. , Ambrose, M. L. , & Schminke, M. . What Drives Trickle-Down Effects? A Test of Multiple Mediation Processes [J]. Academy of Management Journal, 2015, 58 (6): 1848 – 1858.

［145］Wu，L. Z.，Zhang，H.，Chiu，R. K.，& Kwan，H. K.，et al.. Hostile Attribution Bias and Negative Reciprocity Deviance ［J］. Journal of Business Ethics，2014，120（2）：189 – 199.

［146］Youngs，G. A.. Patterns of Threat and Punishment Reciprocity in a Conflict Setting ［J］. Journal of Personality and Social Psychology，1986，51（3）：541 – 546.

［147］Yuan，F.，& Woodman，R. W.. Innovation Behavior in the Work-place：The Role of Performance and Image Outcome Expectations ［J］. Academy of Management Journal，2010，53（2）：323 – 342.

［148］Zhang，X.，& Bartol，K. M.. Linking Empowering Leadership and Employee Creativity：The Influence of Psychological Empowerment，Intrinsic Moti-vation，and Creative Process Engagement ［J］. Academy of Management Journal，2010，53（1）：107 – 128.

［149］Zhao，H.，Kessel，M.，& Kratzer，J.. Supervisor-subordinate Re-lationship，Differentiation，and Employee Creativity：A Self-categorization Per-spective ［J］. The Journal of Creative Behavior，2014，48（3）：165 – 184.

［150］Zhou，J.. When the Presence of Creative Coworkers is Related to Cre-ativity：Role of Supervisor Close Monitoring，Developmental Feedback，and Crea-tive Personality ［J］. Journal of Applied Psychology，2003，88（3）：413 – 422.

［151］Zhou，J.，& George，J. M.. When Job Dissatisfaction Leads to Crea-tivity：Encouraging the Expression of Voice ［J］. Academy of Management Journal，2001，44（4）：682 – 696.

［152］Zhou，J.，& Shalley，C. E.. Handbook of Organizational Creativity ［M］. Philadelphia：Psychology Press，2007.

［153］岑杰. 基于团队时间心智模型的团队时间协调机制及其对效能的影响研究 ［D］. 杭州：浙江大学，2014.

［154］陈琴，王振宏. 认知重评策略与生活满意度：情绪和心理韧性的

多重中介效应 [J]. 中国临床心理学杂志, 2014, 22 (2): 306 – 310.

[155] 陈帅. 团队断裂带对团队绩效的影响: 团队交互记忆系统的作用 [J]. 心理学报, 2016, 8 (1): 84 – 94.

[156] 陈伟, 杨早立, 朗益夫. 团队断裂带对团队效能影响的实证研究——关系型领导行为的调节与交互记忆系统的中介 [J]. 管理评论, 2015, 27 (4): 99 – 110.

[157] 陈翼然, 雷星晖, 单志汶, 等. 谦卑型领导风格对创新的压力——员工创造力曲线关系的调节作用 [J]. 科技管理研究, 2017, 25 (1): 139 – 143.

[158] 程灶火, 谭林湘, 杨英, 林晓虹, 周岱, 蒋小娟, 苏艳华, 赵勇, 尉迟西翎. 中国人婚姻质量问卷的编制和信效度分析 [J]. 中国临床心理学杂志, 2004, 12 (3): 226 – 230.

[159] 樊传浩, 王济干. 创业团队异质性与团队效能的关系研究 [J]. 科研管理, 2013, 34 (8): 35 – 41.

[160] 付慧慧. 硕士研究生心理安全感、社会支持和心理幸福感的关系研究 [D]. 昆明: 云南师范大学, 2011.

[161] 顾琴轩, 王莉红. 研发团队社会资本对创新绩效作用路径——心理安全和学习行为整合视角 [J]. 管理科学学报, 2015, 18 (5): 68 – 78.

[162] 顾远东, 周文莉, 彭纪生. 组织创新支持感对员工创新行为的影响机制研究 [J]. 管理学报, 2014, 10 (4): 548 – 554.

[163] 蒋奖, 王荣. 辱虐管理与下属针对领导的偏差行为: 同事行为和惩罚可能性的调节作用 [J]. 中国临床心理学杂志, 2012, 20 (2): 214 – 218.

[164] 蒋丽, 李永娟. 安全动机在安全绩效模型中的作用: 自我决定理论的视角 [J]. 心理科学进展, 2012, 20 (1): 35 – 44.

[165] 蒋琬. 辱虐管理、团队辱虐氛围对员工及团队工作有效性的多层次影响模型研究 [D]. 上海: 上海交通大学, 2015.

[166] 李锐. 辱虐式领导对员工沉默行为的作用机制 [J]. 经济管理, 2011, 2 (10): 70 – 77.

[167] 李育辉，王桢，黄灿炜，万罗蒙．辱虐管理对员工心理痛苦和工作绩效的影响：一个被调节的中介模型 [J]．管理评论，2016，28（2）：127－137．

[168] 林桦．自我决定理论研究 [D]．长沙：湖南师范大学，2008．

[169] 林晓敏，白新文，林琳．团队心智模型相似性与正确性对团队创造力的影响 [J]．心理学报，2014，46（11）：1734－1747．

[170] 刘嫦娥．工作场所无礼行为演变模式及对策研究 [J]．华东经济管理，2012，26（12）：129－132．

[171] 刘嫦娥，戴万稳．中国情境下工作场所无礼行为的结构探讨 [J]．管理学报，2011，8（12）：1818－1822．

[172] 刘嫦娥，戴万稳．工作场所无礼行为研究综述 [J]．管理学报，2012，9（7）：1092－1097．

[173] 刘嫦娥，丁洪涛．职场无礼行为对雇员及组织绩效的影响研究 [J]．现代管理科学，2010，30（9）：39－40，70．

[174] 刘嫦娥，胡姝敏，玉胜贤，陈雅惠．基于敌意认知和控制点作用的上级无礼行为对员工创新行为的影响研究 [J]．管理学报，2017，14（9）：1315－1323．

[175] 刘嫦娥，刘方．工作场所无礼行为、工作满意度及离职意图关系的实证研究 [J]．湖南商学院学报，2011，18（2）：76－79

[176] 刘军，吴隆增，林雨．应对辱虐管理：下属逢迎与政治技能的作用机制研究 [J]．南开管理评论，2009，12（2）：52－58．

[177] 龙静，汪丽．并购后威胁感知与心理安全对员工创新的影响——基于高科技企业的实证研究 [J]．科学学研究，2011，29（9）：1382－1388．

[178] 孟月云．领导前瞻性人格对组织公民行为的影响：员工归因和愿景激励的作用 [D]．苏州：苏州大学，2015．

[179] 邱林，郑雪．大学生生活满意度判断的文化差异研究 [J]．心理发展与教育，2007，23（1）：66－71．

[180] 师保国，许晶晶，陶晓敏，肖敏敏．少年儿童自尊与主观幸福感

的关系：安全感的中介作用 [J]．首都师范大学学报（社会科学版），2011，
39（5）：94 - 99．

[181] 舒睿，梁建．基于自我概念的伦理领导与员工工作结果研究
[J]．管理学报，2015，12（7）：1012 - 1020．

[182] 孙健敏，陈乐妮，尹奎．挑战性压力源与员工创新行为：领导——
成员交换与辱虐管理的作用 [J]．心理学报，2018，50（4）：436 - 449．

[183] 王端旭，洪雁．领导支持行为促进员工创造力的机理研究 [J]．
南开管理评论，2010，13（4）：109 - 114．

[184] 王辉，李晓轩，罗胜强．任务绩效与情境绩效二因素绩效模型的
验证 [J]．中国管理科学，2003，11（4）：80 - 85．

[185] 汪林，储小平，倪婧．领导——部属交换，内部人身份认知与组织
公民行为——基于本土家族企业视角的经验研究 [J]．管理世界，2009，24
（1）：97 - 107．

[186] 王淑星．工作场所不文明行为与工作绩效的关系：工作倦怠的中
介作用 [D]．郑州：河南大学，2013．

[187] 王雁飞，蔡如茵，林星驰．内部人身份认知与创新行为的关系——一
个有调节的中介效应模型研究 [J]．外国经济与管理，2014，36（10）：40 - 53．

[188] 王洋洋，张晓慧，韩樱．辱虐管理、员工信任与离职倾向：传统
性的调节作用 [J]．领导科学，2017，33（2）：45 - 49．

[189] 王艳子，罗瑾琏．员工创新行为的激发机理研究：谦卑型领导的
视角 [J]．中央财经大学学报，2017，37（6）：110 - 118．

[190] 王宇中，时松和．"大学生生活满意度评定量表（CSLSS）"的编
制 [J]．中国行为医学科学，2003，12（2）：84 - 86．

[191] 王中杰，王宇中，赵江涛，贾黎斋，郭娜，张海涛．夫妻的人格特
质及匹配类型与婚姻质量 [J]．中国心理卫生杂志，2014，28（3）：221 - 226．

[192] 温忠麟，张雷，侯杰泰．有中介的调节变量和有调节的中介变量
[J]．心理学报，2006，38（3）：448 - 452．

[193] 席猛, 许勤, 仲为国, 赵曙明. 辱虐管理对下属沉默行为的影响——一个跨层次多特征的调节模型 [J]. 南开管理评论, 2015, 18 (3): 132 – 140.

[194] 肖小虹, 刘文兴, 汪兴东, 丁志慧. 辱虐管理对员工知识共享的影响研究 [J]. 科研管理, 2018, 39 (2): 117 – 124.

[195] 谢俊, 汪林, 储小平. 中国情境下领导—部属交换对员工创造力的影响机制研究 [J]. 管理工程学报, 2014, 28 (2): 1 – 7.

[196] 徐安琪, 叶义振. 婚姻质量 [M]. 北京: 中国社会科学出版社, 1999.

[197] 徐振亭, 罗瑾琏. 自我牺牲型领导对员工创造力的影响——创造力支持氛围的跨层次效应 [J]. 科学学与科学技术管理, 2016, 37 (11): 166 – 180.

[198] 薛贵, 董奇, 周龙飞, 等. 内部动机、外部动机与创造力的关系研究 [J]. 心理发展与教育, 2001, 17 (1): 6 – 11.

[199] 严瑜, 李佳丽. 超越不文明: 从消极无礼的恶化升级到积极的文明干预 [J]. 心理科学进展, 2017, 25 (2): 319 – 330.

[200] 严瑜, 王轶鸣. 工作场所无礼行为的溢出和交叉效应: 超越职场范围的负性作用机制 [J]. 心理科学进展, 2016, 24 (12): 1934 – 1945.

[201] 严瑜, 吴艺苑, 郭永玉. 基于认知和情绪反应的工作场所无礼行为发展模型 [J]. 心理科学进展, 2014, 8 (1): 150 – 159.

[202] 姚本先, 石升起, 方双虎. 生活满意度研究现状与展望 [J]. 学术界, 2011, 25 (8): 218 – 227.

[203] 占小军. 情绪还是认知? 主管不文明行为对员工工作及生活的作用机制研究 [J]. 管理评论, 2017, 29 (1): 82 – 92.

[204] 张文勤, 刘云. 研发团队反思的结构检验及其对团队效能与效率的影响 [J]. 南开管理评论, 2011, 14 (3): 26 – 33.

[205] 张兴贵, 何立国, 郑雪. 青少年学生生活满意度的结构和量表编制 [J]. 心理科学, 2004, 27 (5): 1257 – 1260.

［206］赵宜萱，徐云飞．新生代员工与非新生代员工的幸福感差异研究——基于工作特征与员工幸福感模型的比较［J］．管理世界，2016，12（6）：178－179．

［207］钟梦宇，贺琼，兰菁，等．新婚夫妻婚姻质量对婚姻稳定性的影响：婚姻承诺的中介作用［J］．中国临床心理学杂志，2016，24（6）：1064－1068．

［208］周浩，龙立荣．共同方法偏差的统计检验与控制方法［J］．心理科学进展，2004，12（6）：942－950．

［209］朱迪．市场竞争、集体消费与环境质量——城镇居民生活满意度及其影响因素分析［J］．社会学研究，2016，30（3）：193－217．

后　　记

　　本书得以完成，首先要感谢我的博士后合作导师赵曙明教授。多年过去，博士后经历仍然让我记忆犹新，2005年在南京大学接触各种国际学术讲座让我掌握了国际顶尖级期刊的阅读要领，2006年第一次参加 IACMR 会议，那种饱食国际化学术前沿大餐的快感至今难以忘怀。赵老师为中国人力资源管理国际化做出了巨大贡献，并且一直努力用自己的善行惠及社会，这为我们树立了很好的标杆。还要感谢我的博导凌文轮教授及师母方俐洛教授，他们严谨的治学态度诠释了凌方团队的特质：认真与专注。正是这种特质使得我的一些同门师友在国内外顶尖期刊上发表了多篇论文。尽管我离他们还有一定差距，但心中有这些标杆，便有动力。还要感谢我校领导唐亚阳书记、陈晓红校长等提供良好的校园氛围，使得我能潜心投入科研工作。

　　本书得以完成，还要感谢我的研究生玉胜贤、胡姝敏的辛勤付出与协助，三年师生关系让我们结下了深厚的情谊。此外，还要感谢浙江工业大学曾垂凯教授、南京大学张季媛博士、深圳大学蒋建武教授、暨南大学李爱梅教授、湖南第一师范学院王朝晖教授和邓素文教授、美国印第安纳州立大学何威教授等学者，他们如同夜空中的星星，每当我感到毫无头绪时，总能从他们那得到光亮，然后继续在学术领域中前行。我还要感谢湖南商学院人力资源管理系刘婷婷博士等同事，云南大学陈雅惠博士，以及我可爱的学生们，他们是：黄杰、谢玮、李玲芳、袁潇、任建新、杨慧、陈郡、何郴郴、毛学林等。还有很多难以忘怀的友谊与帮助，限于篇幅，在此不再一一提及。

　　本书得以完成还要感谢我的家人。长期工作侵扰家庭生活，但我的家人们都能给予理解并默默支持我的工作。本书得以出版，要特别感谢经济科学出版社的编辑，没有他们的悉心审稿与忘我工作，本书很难在如此短的时间内与广大读者见面。

　　著者虽竭力践行"创新"要求，但书中难免存在不完善之处，只能留待今后一一改进。衷心恳请各位同行专家及广大读者指正。本书在写作过程中，参考和引用了许多国内外学者的研究成果，在此，对上述学者表示衷心的敬意和感谢。对于可能出现的疏漏，在此也一一表示诚挚的歉意。

刘嫦娥

2018 年 12 月 20 日于青竹湖畔